HERRSCHER
HÖFE
HINTERGRÜNDE

Herausgegeben von
Manfred Kossok

AM HOFE
AUGUSTS DES STARKEN

KARL CZOK

AM HOFE AUGUSTS DES STARKEN

DEUTSCHE VERLAGS-ANSTALT
STUTTGART

Bildpräsentation
Reiner Groß

Frontispiz:
Portal und Teil des Treppenhauses im Wallpavillon
des Dresdner Zwingers.
Kupferstich von Johann Georg Schmidt nach
Matthäus Daniel Pöppelmann, 1729.
Staatsarchiv Dresden

CIP-Titelaufnahme der Deutschen Bibliothek

Am Hofe Augusts des Starken
Karl Czok. – Stuttgart: Deutsche Verlags-Anstalt GmbH, 1990
NE: Czok, Karl (Mitverf.)
ISBN 3-421-06521-7

© 1989 Edition Leipzig
Lizenzausgabe 1990 für die
Deutsche Verlags-Anstalt GmbH, Stuttgart
Gestaltung: Matthias Dittmann
Karte: Matthias Weis
Lektor: Christina Müller
Gesamtherstellung: Druckerei Fortschritt Erfurt
Printed in the German Democratic Republic

INHALT

VOM HOFLAGER ZUR RESIDENZ

Anfang der neunziger Jahre des 17. Jahrhunderts erinnerte sich August der Starke
an den Hof seines Großvaters: »Dieser regierde zeit seiner regierung
in ruhe es bliheten unter ihm alle ergezlichkeiten und
man kunte sagen das es der schenste hoffe
den ein kenig zu der
zeit hatte.«[1]

WENN es sich auch bei Kurfürst Johann Georg II. (1656–1680) um keinen König handelte, wie ihn der junge Friedrich August romanhaft übersteigert bezeichnete, so besaß er doch unzweifelhaft eine königlich ausgestattete Hofhaltung. Die Entwicklung dahin hatte fast 200 Jahre gebraucht. Denn im 15. Jahrhundert kannten die Wettiner noch keinen ortsfesten Hof, sondern sie schlugen ihr Hoflager an ganz unterschiedlichen Orten des Landes auf: in Burgen und Städten. Die Stifter der beiden Linien des Hauses Wettin wurden in den Burgen Meißen – der ältere Ernst – und Grimma – der jüngere Albrecht – geboren. Neben Meißen, Wittenberg und Torgau bevorzugten sie auch Dresden und Leipzig als Aufenthaltsorte. Die Trennung in einen ernestinischen und einen albertinischen Gebietskomplex infolge der Leipziger Teilung von 1485 geschah zu einer Zeit, da der Wandel vom Hoflager zu einer ortsfesten Residenz im Gange war.

In den Jahren 1471 bis 1474 begann der aus Leipzig kommende Landbaumeister Arnold von Westfalen noch im Auftrage beider Landesherren sowohl die Burg Meißen umzugestalten als auch das Dresdner Schloß zu erweitern. Doch während der Burgberg zu Meißen dem zeitgemäßen Anspruch an eine Residenz nicht entsprach, war das sich im Elbtal und in der Ebene erstreckende Dresden entschieden besser dafür geeignet. Freilich übernahmen Schloß, Stadt und Umland erst allmählich die ihnen zugedachte Funktion. So wurde Herzog Georg (1500–1539) im Jahr 1471 noch in Meißen geboren, sein Bruder Heinrich residierte in Freiberg, und die traditionelle Begräbnisstätte der Albertiner befand sich bis zum Ausgang des 17. Jahrhunderts dort im Dom. Seine beiden Söhne, der ältere Moritz und der jüngere August, erblickten gleichfalls in dieser erzgebirgischen Stadt das Licht der Welt, regierten jedoch schon von Dresden aus, wo es nun – in der Mitte des 16. Jahrhunderts – ein ansehnliches Renaissanceschloß gab.

Die Gründe für den Wandel von einem ständig den Ort wechselnden Hoflager zur ortsfesten Residenz waren wirtschaftlicher, politischer und kultureller Natur. In den mittelalterlichen Jahrhunderten umgaben den Fürsten und Landesherrn nur relativ wenige Personen, die mit der Hofhaltung und Verwaltung eines Territoriums zu tun hatten. Er mußte deshalb mit den Seinen im Lande umherziehen, um die an verschiedenen

Von der Burg in Meißen zum Schloß in Dresden

Orten zusammengebrachten Naturalabgaben der Bauern in Form von Nahrungs- und Futtermitteln zu verbrauchen und die angefallenen Steuern und anderen Geldabgaben der Städte zu kassieren. Die sich immer stärker durchsetzende Geldwirtschaft, die zweite Welle des Bergbaus mit beträchtlichen Ausbeuten, finanziellen Gewinnen und der damit verbundenen frühkapitalistischen Entwicklung sowie das Wachstum des Städtewesens schufen die wirtschaftlichen und siedlungsgeschichtlichen Voraussetzungen für die Bildung von Residenzen, die sich allmählich auf eine Stadt konzentrierten.

Die Wahl der Residenz

Meißen, Freiberg, Torgau und Leipzig waren bis dahin nicht nur größere Städte als Dresden, sondern zudem vom landesherrlichen Hof häufiger besuchte Orte. Wenn auch keiner der albertinischen Herrscher des 16. Jahrhunderts eine Begründung dafür gab, so entschieden sie sich letztlich dennoch für die Stadt in der Ebene. Vielleicht gaben die städtischen Siedlungen beiderseits des Flusses mit ihrer waldreichen Umgebung oder die verkehrsgünstige Elblage – eine Brücke existierte schon seit dem 13. Jahrhundert – und die »Frankenstraße«, die östliche Länder mit den oberdeutschen Metropolen Nürnberg und Augsburg verband, den Ausschlag, Dresden als Residenz auszubauen. Einen Grund bildete auch der Wandel von Baustil und Architektur, der die wettinischen Fürsten zwang, von der Höhe des Meißner Burgberges in die Elbebene zu wechseln.

Reformen in Regierung und Verwaltung unter den Kurfürsten Moritz und August

Den Westflügel des Schlosses in Dresden mit der dazugehörigen Treppe, den Arnold von Westfalen unter anderem erbaut hatte, ließ Kurfürst Moritz 1549 wieder abreißen, weil er einen großen Turnierhof für Ritterspiele und Feste wünschte. Sein Onkel hatte bereits von 1530 bis 1535 die Erweiterung des Schlosses nach Osten hin vorgenommen, wodurch der nach ihm benannte Georgenbau entstanden war. Die 1547 durch den erst sechsundzwanzigjährigen und von Tatendrang erfüllten Moritz erworbene Kurwürde mochte Veranlassung gegeben haben, den Turnierhof in der Größe zu verdoppeln und in drei Hofecken Treppentürme mit Wendelsteinen oder sogenannten Schnecken zu bauen. Vor der südlichen Längswand des Nordflügels wurde ein »Altan« nach dem Vorbild italienischer Loggien mit reichen Säulenanordnungen errichtet. Durch seine Erhöhung beherrschte der »Hausmannsturm« die Silhouette der Stadt.

Residenz und staatliche Verwaltung

Die Notwendigkeit einer ortsfesten Residenz ergab sich auch aus politisch-staatlichen Bedingungen. Im Machtbereich der Wettiner hatte sich seit dem frühen 14. Jahrhundert der territoriale Ständestaat herausgebildet, an dessen Spitze zwar der Landesherr stand, der sich jedoch mit den Ständen – den Vertretern des Adels, des Klerus und der landtagsfähigen Städte – gewissermaßen in die Macht teilen mußte. Vor allem in den Steuer- und Finanzangelegenheiten hatten die Ständevertreter ein gewichtiges Wort mitzureden. Die Zusammenkünfte der Fürsten mit den Ständen fanden bis zur Mitte des 16. Jahrhunderts an verschiedenen Orten statt, konzentrierten sich jedoch im albertinischen Sachsen in der zweiten Jahrhunderthälfte immer häufiger auf Dresden. Zu diesen Gelegenheiten kamen mehrere hundert Personen mit einem beträchtlichen Anhang zusammen, was gewaltige Kosten verursachte. Deshalb bemühten sich die beiden Kurfürsten Moritz und August bereits darum, diese Versammlungen auf sogenannte Ausschußtage zu reduzieren, auf denen nur bestimmte Vertreter anwesend sein mußten. Erst 200 Jahre später, 1775, bekamen sie mit dem »Landhaus« ein eigenes Gebäude in Dresden, vordem hatten sie sich mit wechselnden Unterkünften zu bescheiden.

Den kurfürstlichen Brüdern Moritz und August gelang es mit ihrer Staatsorganisation und

Residenzschloß mit Festungsanlagen, Schießhaus, Münze und Elbbrücke von der Pirnaischen Vorstadt aus.
Nach der Leipziger Teilung von 1485 hatte sich Dresden zur ständigen Residenz des albertinischen Herzogtums Sachsen entwickelt.
Älteste überlieferte Darstellung der Stadt, Bleistiftzeichnung von Gabriele da Tola, um 1570.
Museum für Geschichte der Stadt Dresden

Verwaltung, die Einheit von Hof, Regierung und Residenz herzustellen. In seiner Kanzleiordnung von 1547 regelte Moritz sachlich und zeitlich den täglichen Dienstbetrieb seiner Räte, des Kanzlers, der Sekretäre und Kopisten. Sein Bruder übernahm diese Ordnung und entwickelte sie weiter. Er ließ 1579 sogar in der Nähe des Schlosses ein eigenes Kanzleihaus errichten. Ferner wurden in Dresden die Steuer- und Finanzverwaltung konzentriert, die Landesregierung als oberste Justizbehörde und der Lehnhof für die Belehnungssachen des Adels etabliert. Dazu kam noch 1580 als oberste Kirchenbehörde das Oberkonsistorium. Mit der Einrichtung des Geheimen Rates 1574 war eine Regierungszentrale geschaffen worden, an deren Spitze der Landesfürst stand, der sich von einer Gruppe bestallter Geheimer Räte, denen ein Kanzler vorstand, beraten ließ. An drei Tagen in der Woche mußte sich dieses Kollegium versammeln, dessen Beratungen protokollarisch festgehalten wurden. Zu den Themen gehörten die Innen- und Außenpolitik, die Bergwerks-, Kammer-, Landtags- und Verwaltungsangelegenheiten, der Nachrichtendienst, der auswärtige Schriftwechsel sowie die Beamtenbestallung. Die zunehmende Zentralisierung der Landesverwaltung und ihr wachsender Umfang kamen auch darin zum Ausdruck, daß das albertinische Territorium erst in fünf, später in sieben Kreise eingeteilt wurde: den Thüringischen, Leipziger, Meißnischen, Gebirgischen, Neustädter und Vogtländischen Kreis. Die untere Ebene der Staatsorganisation bildeten die Ämter.

Kurfürst Moritz von Sachsen und seine Gemahlin Agnes, geborene Landgräfin von Hessen.
Politische Tatkraft, Energie und das Streben nach Größerem kennzeichneten diesen Wettiner,
dem sein Nachfahre Friedrich August nacheiferte und in seinen politischen Erfolgen ebenbürtig werden sollte.
Gemälde von Lucas Cranach d. J.
Staatliche Kunstsammlungen Dresden, Gemäldegalerie Alte Meister

Diese staatliche Zentralisierung hatte unter Kurfürst August einen solchen Grad erreicht, daß die Möglichkeit des Übergangs vom territorialen Ständestaat zum territorialstaatlichen Absolutismus bestand. Unter seinem Sohn und Nachfolger, Christian I. (1586–1591), versuchte dessen Kanzler Nikolaus Crell, der aus einem Leipziger Bürgergeschlecht stammte und mit dem Handelsbürgertum der Messestadt verbunden war, diese Politik zu verwirklichen. Doch durch den frühen Tod seines Landesherrn und den Widerstand des Adels sowie der lutherischen Geistlichkeit – Crell neigte dem Calvinismus zu – scheiterten diese Versuche. Der Initiator wurde einer der ersten und berühmtesten Häftlinge im »Staatsgefängnis« auf dem Königstein und 1601 in Dresden schließlich hingerichtet. Infolge der »calvinistischen Wirren«, des Dreißigjährigen Krieges und des wieder wachsenden Einflusses des Adels und der Stände sowie wegen der politischen Schwäche der Landesherren im 17. Jahrhundert kam es zu keiner absolutistischen Herrschaft wie in Frankreich oder Brandenburg, wenn auch die Zentralisierung der Staatsorganisation in Kursachsen einige, allerdings bescheidene, Fortschritte machte.

DER KURFÜRSTLICHE HOF IN DRESDEN

Der Kurfürst als der Landesherr mit einer mehr oder weniger großen Familie
stand an der Spitze des Hofes, umgeben vom Hofstaat, zu dem
Beamte und Bedienstete aller Ebenen gehörten.
Die Stellung des Landesherrn bestimmte
weitgehend Größe und Ansehen
des Hofes.

MIT der Kurwürde und dem Erzmarschallamt des Reiches, die Herzog Moritz von Sachsen auf dem Reichstag zu Augsburg am 24. Februar 1548 von Kaiser Karl V. erhalten hatte – einschließlich der Kurfahne und des Kurschwertes als Zeichen dieser Würde –, besaßen die albertinischen Wettiner ihren bisher höchsten Rang als Reichsfürsten. Diese Erhöhung wirkte sich auch auf den kurfürstlichen Hof aus. Mit Moritz war der älteste Sohn Herzog Heinrichs zur Regierung gekommen. Dies entsprach dem Erbrecht im sächsischen Adel. Nach dem frühen Tod von Kurfürst Moritz folgte ihm der jüngere Bruder als Regent, eine Tatsache, die noch weitere Male vorkommen sollte, weil entweder männliche Erben ausblieben oder als Landesherren früh starben. Diese »ungeplante« Regierungsübernahme, wie sie bei den Kurfürsten August, Christian und August dem Starken erfolgte, veranlaßte einige Historiker zu der unbegründeten Behauptung, daß diese Fürsten nur ungenügend auf ihr landesherrliches Amt vorbereitet waren.

Die Erziehung der Fürstenkinder geschah in den damals maßgeblichen Formen, die beim hohen Adel des Reiches allgemein üblich waren *Vom Prinzen zum Regenten* und die in zunehmendem Maß auch von niederen adligen Schichten übernommen wurden: Ihre Schulbildung genossen sie im Einzelunterricht, wobei Theologen und Juristen eine nicht unbedeutende Rolle spielten. Universitätsstudien waren nicht Bedingung. Der junge Moritz hatte die Landesuniversitäten Leipzig und Wittenberg nicht besucht, dafür beeinflußten ihn jedoch nachhaltig der Hof seines Onkels Georg in Dresden und der des Landgrafen Philipp in Kassel, mit dessen Tochter Agnes er schließlich 1541 ohne elterliche Erlaubnis die Ehe einging, ein damals beim Adel ungewöhnliches Verhalten. Seine späteren politischen Entscheidungen erwiesen sich als ebenso umstritten und fanden sowohl Zustimmung als auch Kritik oder gar erbitterte Ablehnung.

Sein Bruder August besuchte dagegen die Universität Leipzig mit seinem »Zuchtmeister«, dem Humanisten Johannes Rivius. Er entwickelte sich zu einem Landesherrn, der in Wirtschaft und Politik vorsichtig, aber zielstrebig vorging und in religiösen Angelegenheiten das gelten ließ, was er von seinem lutherischen Standpunkt aus für richtig hielt. Seine handwerklichen Fähigkeiten – August drechselte bekanntlich gern –, die viel-

Kurfürst August von Sachsen.
Der Bruder und Nachfolger Moritz' sicherte erfolgreich das junge albertinische Kurfürstentum
in seinem territorialen Bestand. Die außerordentliche wirtschaftliche und
innenpolitische Entwicklung brachte ihm, der sich um alles kümmerte, den Beinamen »Vater August« ein.
Das Porträt zeigt ihn mit geschultertem Kurschwert, auf dem
das Wappen des Reichserzmarschallamtes und das der Kurwürde gut zu erkennen sind.
Gemälde von Zacharias Wehme, 1586.
Staatliche Kunstsammlungen Dresden, Gemäldegalerie Alte Meister

seitigen Interessen für die Natur – er zeichnete kleine Landkarten und war ein leidenschaftlicher Jäger – und insbesondere seine große Sammelleidenschaft haben dazu beigetragen, daß der Dresdner Hof nicht nur als politisches Zentrum des wirtschaftlich starken kursächsischen Staates ein großes Ansehen genoß, sondern auch als einer der kulturell geachtetsten europäischen Höfe galt.

Verglichen mit dem vielgegliederten und prachtvollen Hofstaat zur Zeit Augusts des Starken, erscheint der des 16. Jahrhunderts bescheiden. Wenn auch Herzog Moritz zur Entgegennahme der Kurwürde auf dem Augsburger Reichstag mit einem außergewöhnlich reich ausgestatteten Hofstaat erschien, zu dem die vornehmsten Männer des sächsischen Adels mit ihrem Gefolge gehörten – die Reiter waren in Samt gekleidet und trugen rote Fähnlein mit einem Wappen von Sachsen –, so haben doch seine Nachfolger Hofämter und Bedienstete nur unwesentlich erweitert. Erst nach dem Dreißigjährigen Krieg unter Johann Georg II. (1656–1680) nahmen Umfang und prunkvolle Ausstattung zu. Der Adel des Landes drängte immer zahlreicher zum Dienst am Hofe, weil er dort standesgemäße Zukunft erwarten konnte. Die Oberhofämter waren dabei fast durchweg von den vornehmsten adligen Familien Sachsens besetzt: die von Ber-

Hof und Hofadel

lepsch, Callenberg, Carlowitz, Einsiedel, Friesen, Gersdorf, Haugwitz, Klengel, Lüttichau, Miltitz, Neitschütz, Ponickau, Schleinitz, Schönberg, Taube, Werthern, Wolframsdorf und anderen. In der von dem Zweiten der Johann George eingeführten Hofstaatsrangordnung von 1676 sind insgesamt 301 Personen genannt, was gegenüber den 100 Angehörigen des Hofes von Kurfürst August als beträchtliche Erhöhung angesehen werden muß. Dazu kam noch ein Heer von Bediensteten, die für das persönliche Wohl der Hofgesellschaft zu sorgen hatten. Damit präsentierte auch der Hof zu Dresden den herausragenden Rang der adligen Gesellschaft in Sachsen.

Als Johann Georg II. vor der in Dresden ausgebrochenen Pest 1680 in das bescheidenere Schloß Freudenstein nach Freiberg floh, weil er meinte, daß dort gesündere Luft wehte, ereilte ihn gerade hier in seinem 67. Lebensjahr der Tod, was bei seinem Enkel, dem jungen Friedrich August, einen solchen Eindruck hinterließ, daß er in der nach 1690 geschriebenen Darstellung seiner Jugenderlebnisse darüber berichtete: »Unterteßen aber wurde der ganze hof zerstreiet durch eine contagion so einfihl welches machte das n 2 (Johann Georg II.) mit der gemahllien nacher n (Freiberg) residiren ginge alwoh er sein lehben beschloße«.[2]

13

GEBURT, KINDHEIT UND JUGEND
FRIEDRICH AUGUSTS

Die gesellschaftlichen Zustände Kursachsens, in die Friedrich August hineingeboren wurde,
waren gekennzeichnet durch den Wiederaufbau nach dem großen Krieg,
das erneute Aufblühen von Manufakturen und
Verlagswesen und die Überwindung
der Drangsale des
Krieges.

DIE Menschen erfüllte immer mehr ein Optimismus zu neuem Leben, wie es zahlreiche Kirchenlieder aus diesen Zeitläuften noch heute ahnen lassen. Denn höhere landwirtschaftliche Erträge, auf den Bauernwirtschaften und Rittergütern erarbeitet, beseitigten bei vielen Menschen die Qual des Hungerns. Später erhielten diese auch wieder ein Dach über den Kopf und Kleidung auf den Leib. Wohlhabende und Mächtige entfalteten einen Luxus, der von strengen lutherischen Pastoren und einigen Kritikern der Gesellschaft als Auswuchs des Bösen angeprangert wurde.

Am 12. Mai 1670, vormittags gegen neun Uhr, brachte Anna Sophie, Tochter des Dänenkönigs Friedrich III., einen zweiten Sohn zur Welt, der den Namen Friedrich August erhielt. Zwei Jahre zuvor war bereits der Bruder Johann Georg geboren worden. Der Vater dieser beiden Söhne, Kurprinz Johann Georg III., mußte noch volle zehn Jahre warten, ehe er selbst die Nachfolge als Landesherr antreten konnte. Seine hauptsächlichsten Interessen galten dem Militär und dem Kriegsdienst, der Jagd und den Gesellkeiten. Der Kaiser hatte ihn 1661 zum Reichsjägermeister ernannt. Sein Vater, Johann Georg II.,

Vater und Mutter

beteiligte ihn an der Regierungsarbeit seit 1663 und schickte ihn sechs Jahre später als Landvogt in die Oberlausitz mit der Ortenburg zu Bautzen als Residenz.

Die Eltern des im Zeichen des Stiers geborenen Knaben, den man zu dieser Zeit noch Friedrich rief, ergaben aber ein sehr ungleiches Paar mit völlig unterschiedlichen Interessen und Veranlagungen. Der lebenslustigen Art des Vaters entsprach die ernste und fromme der gebildeten dänischen Königstochter kaum. Sie beherrschte neben ihrer Muttersprache Latein, Deutsch, Französisch, Italienisch sowie Spanisch und trat energisch für den Protestantismus ein. Von der Mutter hatte Friedrich August vor allem das Äußere geerbt: die lange kräftige Nase und die dunklen Augenbrauen. Nach dem Vater geriet er in der Lebensart, doch noch leidenschaftlicher in allem, was er anpackte oder zu erreichen suchte. Die Kinderjahre verlebte der junge Friedrich bei seinem Großvater Johann Georg II., der noch bis 1680 regierte. Dessen großzügige und prachtvolle Hofhaltung, vor allem die Feste im sogenannten Riesensaal des Schlosses, beeindruckten den Jungen. Als er fünf Jahre alt war, erhob sich der Schloßturm durch Umbau auf die stattliche

Jugendeindrücke

Höhe von 97 Metern. Schloß, Stallhof und Stechbahn, das von Wolf Caspar von Klengel erbaute neue Reithaus, der vergrößerte Jägerhof in Altendresden sowie das später errichtete Lusthaus auf der Jungfernbastei und schließlich der erste Barockbau, das Palais im Großen Garten vor dem Pirnaischen Tor, stellten das architektonische Umfeld dar, in dem der zweitgeborene Fürstensproß mit seinem älteren Bruder Johann Georg aufwuchs. Das vermittelte ihm das stolze Bewußtsein, zu einem der traditionsreichsten deutschen Fürstenhäuser zu gehören. Der junge Friedrich August wurde so ganz selbstverständlich mit den Lebensgewohnheiten und Festtraditionen des landesherrlichen Hochadels vertraut gemacht.

Zur Festkultur Johann Georgs II.

Anläßlich der »Durchlauchtigsten Zusammenkunft« der gesamten Mitglieder des sächsischen Hauses in Dresden im Jahr 1678 fanden auch Karussellrennen neben Opern-, Schauspiel- und Ballettaufführungen statt. Der junge Friedrich August, damals gerade knapp acht Jahre alt, dürfte mit kindlichem Staunen und besonderer Anteilnahme diesen festlichen Höhepunkt miterlebt haben. Ein Jahr zuvor hatte der Knabe zur Zeit des Karnevals in der Komödie »Der durchlauchtigste Gärtner, mit Maschinen« als des Gärtners Diener in der Rolle des »Hanswursts« mitgewirkt, während sein Bruder den Gärtner spielen durfte. Mehrere Festlichkeiten des wettinisch-albertinischen Hofes blieben nicht in der Abgeschlossenheit des Schlosses, sondern er-

Eintragung über die Geburt von Friedrich August am 12. Mai 1670 im Hoftagebuch des Kurprinzen Johann Georg und seiner Frau Anna Sophia.
Darin heißt es unter anderem, daß die Kurprinzessin »gegen halb-viertel uff 9 Uhr noch vor der Frühpredigt
ihrer fraulichen Bürden glücklich entbunden und mit einem gesunden wohlgestallten jungen Prinzen gesegnet und erfreuet« wurde.
Staatsarchiv Dresden

15

streckten sich auf die Stadt Dresden oder ihre nähere Umgebung. In den ersten Wochen des Jahres fanden vor allem die Karnevalsfeste statt, die sich seit dem 16. Jahrhundert von Italien kommend mehr und mehr in Deutschland verbreiteten. Schon unter Johann Georg I. hatte sich das ausgelassene närrische Treiben, verbunden mit üppigen Festmählern, entwickelt. Bei den Maskeraden ging es lockerer her als zu anderen Hoffesten. Der Kurfürst und seine Familie mischten sich unter die Leute, wenn auch ihre Masken meist allgemein bekannt gewesen sein dürften. Andere Teilnehmer – vom Diener bis zu den höchsten Hofchargen, selbst Hofnarren und Mohren – vermochten sich ungezwungen zu verhalten und veranstalteten allerhand Späße und Neckereien, die Personen von Adel ebenso hinnehmen mußten wie Bürger und Bauern.

In der Veranstaltung von Aufzügen, Balletten, Opern, Komödien, Wirtschaften, Jagdvergnügungen, Bauernhochzeiten, Ausflügen und anderen Festlichkeiten erwiesen sich der Kurfürst Johann Georg II. und seine Oberhofmarschälle – Baron von Rechenberg, Graf von Callenberg, Baron von Kanne und Hermann von Wolframsdorf – als beinahe unerschöpflich. Die Gegenmaßnahmen des Oberkonsistoriums, zusätzliche Fasten-, Buß- und Bettage zu verordnen, berührten die Hofgesellschaft kaum. Da eine Teilnahme des Hofadels an den Festen zur gesellschaftlichen Pflicht gehörte und immer häufiger Landadlige geladen wurden, zudem unter Johann Georg II. die französische Mode sich auszubreiten begann, stiegen die Ausgaben für die Festlichkeiten sowohl des Hofes als auch der einzelnen Adelsfamilien. Kleider, Livreen und Wagen mit goldenen und silbernen Verzierungen, der Aufwand an kostbarem Schmuck und Zierat, Perücken für die Herrschaft und die Dienerschaft veranlaßten zwar die Landstände, gegen Luxus und Wohl-

leben beispielsweise auf dem Landtag von 1676 zu protestieren und eine Luxussteuer zu erheben. Diese blieb jedoch ohne Wirkung. Die große Schuldenlast – mit vier Tonnen Gold angegeben – mußten schließlich die Landstände übernehmen. Sie ließen sich jedoch dafür das Direktorium des Steuerwesens übertragen. Eine Landakzise und die Stempelsteuer sollten helfen, den Berg von Schulden abzutragen. Denn die Vertreter der Stände befanden sich in einer zwiespältigen Situation: Einerseits kritisierten sie die besonders pracht- und luxusliebende Hofhaltung Johann Georgs II., weil sie ihnen zu viel Geld kostete, andererseits waren sie mit ihr auf vielfältige Art und Weise verbunden. Denn die meist weitverzweigten sächsischen Adelsgeschlechter vermochten sich dem Hof nur schwer zu entziehen; er übte im Gegenteil eine immer größere Anziehungskraft auf sie aus, zumal er inzwischen auch internationales Ansehen gewonnen hatte: 1678 verlieh der englische König Karl II. aus dem Hause Stuart Johann Georg II. den Hosenbandorden, den der Gesandte William Schwan überreichte. Bereits fünf Jahre zuvor war eine russische Gesandtschaft in Dresden eingetroffen. Am Kaiserhof in Wien befand sich ein ständiger Botschafter Kursachsens. Künstler aus Italien und Frankreich beherrschten das kulturelle Leben am Hofe, aber auch ein Musiker, Kapellmeister und Komponist wie Heinrich Schütz, Hofkapelle und Oper bis 1672 leitend, trug zu seinem über die sächsischen Grenzen hinausreichenden Ansehen bei.

Ob Friedrich August von der bürgerlichen Welt seiner Zeit ebenfalls beeindruckt wurde, ist nicht überliefert. Die Einwohnerzahl der kursächsischen Hauptstadt Dresden stieg von 16 000 Bewohnern im Jahr 1648 auf 21 300 im Jahre 1689 an, und obwohl sie sich mit den großen außerdeutschen Residenzstädten – Paris, London und

1 *Das Residenzschloß Dresden in seiner Renaissancegestaltung. Die Ansicht von der Stadtseite her gestattet einen Blick auf den Schloßgarten, den Schloßhof und die Innenseite des zur Elbe gerichteten Schloßflügels mit den Sgrafittoverzierungen und dem Schloßturm. Kupferstich von Johann Alexander Boener aus der Dresden-Chronik von Anton Weck ‚Der Churfl. Sächs. weitberuffenen Residentz und HauptVestung Dresden Beschrei- und Vorstellung, Nürnberg 1680*

2 *Diamanten-Rosen-Garnitur aus dem sächsischen Kronschatz. Sie gilt als die größte Diamantenkollektion mit dem im 17. Jahrhundert üblichen Rosenschliff und besteht unter anderem aus der Achselschleife, dem Goldenen Vlies-Orden mit Granaten und dem Goldenen Vlies-Orden mit Topasen. Staatliche Kunstsammlungen Dresden, Grünes Gewölbe*

3 *Bergmannsgarnitur, bestehend aus bergmännischen Arbeitsgeräten wie Barte, Froschlampe mit Dochtkratzer, Bügel und Haken, Tscherpertasche zur Aufbewahrung von Unschlitt und Geleucht sowie das an der Tasche anzuhängende kurze Messer, vermehrt durch modische Zubehörteile der Zeit. Darin ritt am 21. Februar 1678 Kurfürst Johann Georg II. bei der Bergwerks-Invention zum Ringrennen im Berghabit. Er demonstrierte damit sowohl seine Stellung als oberster Bergherr des Landes als auch die Bedeutung für die Wirtschaftskraft Sachsens. Bei der großen Bergparade 1719 im Plauenschen Grund trug Oberbergwerksdirektor Woldemar Freiherr von Löwendal die Bergmannsgarnitur, ganz sicher aus gleichen Motiven. Danach fand sie wieder ihren festen Platz im Grünen Gewölbe. Goldschmiedearbeit von Samuel Klemm. Silbern, teilweise vergoldet, besetzt mit Edelsteinen, Email, Leder, Eisen. Staatliche Kunstsammlungen Dresden, Grünes Gewölbe*

4 Schloßturm mit der von 1674 bis 1676 errichteten welschen Haube. Das Grüne Tor unter dem Turm zwischen Großem Schloßhof und Elbfront wurde als Denkmal für die erfolgreiche Teilnahme von Kurfürst Johann Georg III. an den Türkenkriegen 1692 von Marcus Conrad Dietze errichtet. Entwurf von Wolf Caspar von Klengel. Staatsarchiv Dresden

5 Proszenium im Klengelschen Opernhaus. Die reiche Portalkomposition wird durch einen schweren Schlußstein gekrönt, der das Wappen des Reichserzmarschallamtes, die gekreuzten Schwerter, als Zeichen der Kurwürde sowie den Kurhut zeigt, von beflügelten Genien flankiert. Die Bühne war Schauplatz zahlreicher Theater- und Opernaufführungen in den Regierungsjahren Augusts des Starken, bis 1719 das neue Opernhaus eröffnet wurde. Tuschzeichnung, vermutlich von Johann Georg Starcke. Staatsarchiv Dresden

6 Wolf Caspar von Klengel im Alter von etwa 50 Jahren. Neben der Erhöhung des Schloßturmes und dem Bau der Kapelle des Moritzburger Jagdschlosses betrieb er vor allem die planmäßige Neuanlage von Altendresden nach dem großen Brand von 1685. Den Oberlandbaumeister Johann Georgs II. ernannte Johann Georg III. 1685 zum Kommandanten der Festungen Alt- und Neudresden sowie vier Jahre später zum Generalwachtmeister. Der junge Kurprinz Friedrich August verdankte seinem Lehrer Kenntnisse über Fortifikationswesen und Architektur. Gemälde von Heinrich Christoph Fehling, 1680. Staatliche Kunstsammlungen Dresden, Gemäldegalerie Alte Meister

7 *Jugendbildnis des Prinzen Friedrich August im Alter von etwa 15 Jahren. Es zeigt einen bereits stattlichen jungen Mann, der erwartungsvoll in die Welt blickt. Frühzeitige körperliche Übungen wie Reiten, Fechten, Springen, Schießen, Fahnenschwingen, Ringel-Reiten und Ballschlagen ließen die ihm angeborene Körperkraft voll zur Entfaltung kommen. Gemälde eines unbekannten Meisters, um 1685. Barockmuseum Schloß Moritzburg*

8 *Ansicht von Versailles. Der junge Friedrich August, der im Juni 1687 in Paris eingetroffen war, bewunderte das Schloß Ludwigs XIV. mit den Erweiterungsbauten von Louis Le Vau (1668) und Hardouin-Mansart (1678) ebenso wie die großartigen weiträumigen Parkanlagen mit Orangerie, reichem Plastikschmuck, Wasserbecken und Wasserspielen. In Versailles lernte er auch das für alle europäischen Residenzen beispielgebende barocke höfische Leben kennen. Anonymer Kupferstich*

9 *Ansicht des kaiserlichen Lustschlosses Schönbrunn in Wien. Der 1694 im Auftrag von Kaiser Leopold I. von Baumeister Johann Bernhard Fischer von Erlach begonnene Schloßbau im frühbarocken Stil gehörte zu den Vorbildern der Schloßbauprojekte Augusts des Starken. Kupferstich von Johann Ulrich Kraus in Wien nach einer Zeichnung von Johann Bernhard Fischer von Erlach. Undatiert: Prospect deß Neuen Gebau und Gartens Schönbrunn. Staatsarchiv Dresden*

SCHÖNBRVNN.

Prospect deß Neüen Gebau und Gartens Schönbrunn
von Jhro Majestätt dem Römischen König

Veue et perspectiue du Chateau et Jardin de Schoenbrun
de sa Majesté le Roy des Romains.

10 *Rialto-Brücke in Venedig.*
Friedrich August traf, aus Paris über Mailand, Parma, Piacenza und Modena kommend,
am 11. Januar 1689 in Venedig ein. Einen Tag später
begann der weithin berühmte venezianische Karneval,
den Friedrich August bis zum letzten Tag Ende Februar auskostete.
Fast ständig begleiteten ihn der Prinz von Holstein
sowie die venezianischen »Nobili« Molino und Michaeli.
Sie besichtigten den Dogenpalast ebenso wie den Schatz von San Marco.
In einem Brief an seinen Vater berichtete der Prinz von den beiden italienischen Kavalieren,
sie »geben auch so viel Nachricht von ihrem Staat und Regierung, alß Ihnen erlaubt seyn mag«.
Wasserfarbenzeichnung eines unbekannten Künstlers, um 1700,
aus einem Stammbuch der Familie von Nostitz. Staatsarchiv Dresden

Madrid – natürlich nicht zu messen vermochte, legte auch die Elbestadt ihren provinziellen Charakter allmählich ab. Die sich zunehmend sozial differenzierende Bevölkerung stand unter dem Einfluß des Hofes, seiner landesherrlichen Beamten und der Kaufleute. Die bürgerliche Oberschicht hatte die Handwerker aus dem Stadtrat verdrängt, der sich andererseits immer wieder Eingriffe des Landesherrn gefallen lassen mußte, wie sie in einer Residenzstadt zur Tagesordnung gehörten. Dazu kamen die Veränderungen im Stadtbild: Die Zahl hochgebauter Bürgerhäuser oder Adelspalais nahm zu, allmählich wuchs der Anteil der Steinbauten mit repräsentativen Toren und geschnitzten Doppeltüren. Die Renaissancearchitektur der Häuser veränderte sich durch Um- und Anbauten; Erker und plastisches Schmuckwerk sowie bunte Bemalung gaben den Straßen ein abwechslungsreicheres und freundlicheres Aussehen. Die Gebäude des Schlosses, der Stallhof, das Reit- und Zeughaus, die Oper und das Komödienhaus boten aristokratischen Kontrast zu den Bürgerhäusern.

Eine Zeitlang wuchsen die Brüder Johann Georg und Friedrich August gemeinsam auf, doch litten ihre Erziehung und das Zusammenleben unter häufigen Streitigkeiten. Wir haben nur »stehten Krieg miet einander und dieweil die natur den ingern mehr forteil vor dem elteren geben«, schrieb Friedrich in seinen Aufzeichnungen um 1690. Den Bruder charakterisierte er folgendermaßen: Er »wahr von natur und glietmaßen schwag, von gemiete zornig und melanquollich; sehr großes belieben, wissenschaften zu lernen in welchen er sehr reuchirte« erfolgreich war.[3] Das schlechte brüderliche Verhältnis mag der Grund dafür gewesen sein, daß Friedrich August mit 15 Jahren einen eigenen Hofmeister erhielt: den westfälischen Adeligen Christian August von Haxthausen.

Erste Liebe

Ein Jahr später hatte er bereits sein erstes Liebeserlebnis mit der Hofdame Marie Elisabeth von Brockdorf. Als die Liaison an die Öffentlichkeit kam, wies die Kurfürstin die Hofdame mit dem als Postillon d'amour tätigen Pagen aus dem Schloß. Doch Friedrich steckte sich hinter seinen Vater, der schönen Frauen gleichfalls nicht abhold gewesen ist, denn ihm soll ein feuriges Temperament eigen gewesen sein, das seine beiden bekannten Mätressen genießen durften: die einheimische Adlige Margarethe Susanne von Zinzendorf und die italienische Sängerin Margherita Solicole. So war es nicht verwunderlich, daß der Vater der Hofdame und Geliebten seines Sohnes erlaubte, an den Dresdner Hof zurückzukehren.

Reise an den Hof in Dänemark

Seine erste größere Reise unternahm der Fürstensohn mit seiner Mutter im Herbst 1686 zum Onkel, König Christian V. von Dänemark. Ob die strenggläubige Mutter diese initiierte, um den Sohn aus der für ihn »gefährlichen Situation« hinauszukomplimentieren, ist ungewiß.

Die Hofetikette erforderte eine sorgfältige Vorbereitung und Durchführung. Schon im März des Jahres 1686 schrieb von Haxthausen an den Kurfürsten um die Bewilligung von 3000 Talern für die Reise und 1000 Talern für die Anschaffung einer Equipage. Ein Vierteljahr später gab dann der kurfürstliche Vater dem Hofmeister eine Instruktion für die Reise nach Holstein. Danach hatte dieser auf die Gesundheit und »Conduite« entsprechend den jungen Jahren des reisenden Fürstensprößlings zu achten und sollte, wenn sich etwas Besonderes ereignete, die Mutter konsultieren oder den dänischen König. Das Reisegeld war genau spezifiziert, denn schon am 19. April 1686 hatte die Rentkammerverwaltung 2000 Taler gegen Quittung ausgezahlt. Von dieser Summe mußten die Spesen für die mitreisenden Personen bestritten werden: für den Hofmeister, den Reisemarschall, den Küchen-

Die feindlichen Brüder

Kurfürst Johann Georg III. von Sachsen im Alter von 38 Jahren.
Der Vater Augusts des Starken ist in die Geschichte als »sächsischer Mars« eingegangen. Mit dem von ihm geschaffenen
stehenden Heer hatte er 1683 entscheidenden Anteil an der Vertreibung der Türken vor Wien.
In seiner Regierungszeit kamen viele befähigte Menschen nach Dresden,
die später den Ruhm der sächsischen Residenz in absolutistischer Zeit mitbegründen halfen.
Gemälde von Samuel Bottschildt, 1693. Kriegsverlust

Scheibenschießen im Hofe des Schießhauses zu Dresden, 1678.
Bei allen Schwierigkeiten führte vor allem Johann Georg II., der Großvater von August dem Starken,
einen überaus glänzenden Hof. Im Rahmen der jährlichen Zusammenkünfte des Kurfürsten mit seinen drei Brüdern
Herzog August von Sachsen-Weißenfels, Herzog Moritz von Sachsen-Zeitz und Herzog Christian von Sachsen-Merseburg
fanden in der Dresdner Residenz traditionsgemäß im Schloß, im Schloßhof
und auf der Stallbahn Festveranstaltungen statt.
Kupferstich von Georg Jacob Schneider, 1680. Staatsarchiv Dresden

inspektor, den Futtermarschall, den Fourier, vier Pagen und vier Lakaien, die begleitenden Gardesoldaten und ihren Kommandanten, die Musikanten und Komödianten und eine Altfrau. Für Küche und Keller waren 200 Taler vorgesehen, die Präsente für den dänischen Königshof kosteten 650 Taler und 21 Groschen. Nachdem die Reisegesellschaft Dresden verlassen hatte, schrieb der in Sachsen zurückgebliebene Kurfürst an die Kammerdirektion und die Landstände die Mitteilung, daß für die Reise insgesamt 3000 Taler ausgegeben werden mußten.[4] Diese Tatsache zeigt erneut, daß der kursächsische Landesherr in Finanzsachen von den Ständen und ihrer Steuerverwaltung in einem gewissen Maß abhängig gewesen ist.

Königreich Dänemark In der zweiten Hälfte des 17. Jahrhunderts ein sich festigender Staat, hatte Dänemark durch die sogenannten Königsgesetze von 1665 den Charakter einer absolutistischen Monarchie angenommen, in der einerseits Macht und Einfluß des Adels durch die Auferlegung von Steuern zurückgedrängt wurden und andererseits fähige bürgerliche Ständevertreter in hohe Staatsämter aufsteigen konnten. Die wichtigste und folgenreichste gesetzliche Bestimmung aber legte fest, daß der König unumschränkte Gewalt ausüben konnte, aber nur von dänischem Boden aus. Außerdem mußte er dem lutherischen Bekenntnis angehören. Zur Erbfolge berechtigt waren männliche und weibliche Nachkommen. Dies eröffnete auch den Söhnen der Königstochter und Kurfür-

Anna Sophie, Gemahlin des Kurfürsten Johann Georg III. von Sachsen.
Mit dieser Heirat im Jahre 1666 wurden die dynastischen Verbindungen der Wettiner
zu den Herzögen von Schleswig-Holstein-Gottorp bzw. dem Königshaus von Dänemark,
die bereits im 16. Jahrhundert bestanden hatten, erneuert.
Auch ihr Sohn Friedrich August stellte nach 1694 diese familiären Beziehungen
in den Dienst seiner ehrgeizigen Politik.
Gemälde von einem unbekannten Meister, um 1666. Ehem. Schloß Großsedlitz

stin Anna Sophie die Möglichkeit, unter günstigen Umständen Ansprüche auf die dänische Krone anzumelden.

Zur Zeit des Besuches der Verwandtschaft aus Sachsen war das Königreich Dänemark-Norwegen auch ein wirtschaftlich aufstrebendes Land, das eine eigene überseeische Kolonialpolitik betrieb. Daß den Sechzehnjährigen am dänischen Königshof andere Dinge mehr beeindruckten, läßt der kurze Brief an seinen Vater in Dresden vom 16. September 1686 aus Gottorp vermuten: »Durchlauchtigster Churfürst, gnedigster Herr vater. Ich habe meines kind schuldigsten gehorsam erachtet Ew Gnaden mit dießen aufzuwarten und zu berichten, daß wir mit Ihr. Majet gestern wieder hier kommen. Vermelde auch, daß das Caronsel (Karussellrennen) künftige Woche noch vor sich gehen werde, nach welchem man vermutet, (daß) Ihr Gnad balt von hier wieder zurück gehen werde. Hoffe ich also das Glück auch bald zu haben, Ew. Gnad. die Hände zu küssen und unterthänigst zu versichern, daß ich mit schuldigsten respect bin Ew. Gnad. unterthänigster Sohn und diener Friedrich August H.(erzog) z.(u) S.(achsen).«[5]

Friedrichs Kavalierstour

Kurz nach seinem 17. Geburtstag sollte Friedrich August wieder auf die Reise gehen. Diesmal stand ihm die große Kavalierstour bevor. Bereits

Johann Georg I. hatte eine solche nach Italien unternommen. Friedrichs Bruder Johann Georg war von dieser Reise 1686 gerade zurückgekehrt, die ihn durch Frankreich, England, die Niederlande, Holstein – hier trafen sich die Brüder beim dänischen König –, Niedersachsen und Westfalen führte. Die Aufgabe einer solchen Reise – sie kam überhaupt beim Adel im 17. Jahrhundert immer mehr in Mode – bestand darin, den Fürstensohn an ausländischen Höfen einzuführen, ihm gewandte Umgangsformen, diplomatische Kenntnisse und Erfahrungen zu vermitteln, ihn in Fremdsprachen zu üben sowie Kunst, Architektur und Kultur anderer Länder kennenlernen zu lassen. Im Staatsarchiv Dresden befindet sich eine Akte mit dem Titel »Herzog Friedrich Augusti zu Sachsen. Hochfürstliche Durchlaucht Reisen in fremde Lande«, die mit bürokratischer Akkuratesse diese Kavalierstour mit allen ihren Begleiterscheinungen festhielt. Danach wandte sich der Landesherr und Vater am 30. März 1688 an die Direktoren und Geheimen Räte zu Dresden, indem er seinen Entschluß bekanntgab, daß Friedrich August in »fremde Lande« reisen müßte, damit er sich »in allen wohlanständigen Fürstlichen Tugenden desto mehr perfectionieren möge«[6]. Nach den Wünschen des kurfürstlichen Vaters sollte die Reise drei Jahre dauern. Zu seiner Begleitung gehörten: als Leiter der Hofmeister von Haxthausen, ein adliger Kammerdiener (von Vitzthum) und ein Stallmeister (von Einsiedel). Die beiden bürgerlichen Mitreisenden waren Dr. Matthäus Pauli als Medikus und Dr. Paul Anton als Pfarrer. Sie hatten sich für die Berufung zu diesem ehrenvollen Auftrag besonders bedankt. Als Reisetermin war der 19. Mai 1687 festgesetzt worden.

Eine in mehrfachen Handschriften vorhandene »Reise-Beschreibung oder Diarium So bey Sr Hochfürstl. Durchl. zu Sachßen Herzogs Friedrich Augusti gethanen Reise vom 19. May 1687 biß den 28. April 1689 gehalten« beweist, daß dieser Reise bewußt eine Öffentlichkeitswirkung zugemessen wurde, obwohl Friedrich August als »Graf von Leißnigk« und nicht als Herzog von Sachsen unterwegs sein sollte. Er war mit zwei Pässen in lateinischer und deutscher Sprache ausgerüstet, als ihn an diesem Maitag das kurfürstliche Ehepaar bis Leipzig begleitete, weil es sowieso die Ostermesse zu besuchen gedachte. Von der Messestadt aus begann die Fahrt – wie dann jeweils täglich – zwischen fünf und sechs Uhr früh nach dem Morgengebet.

Zu den ersten Stationen gehörten Erfurt, Frankfurt am Main, Straßburg und Paris, wo die Reisegesellschaft am 17. Juni 1687 ankam. Nach den Briefen des Fürstensohnes an seinen Vater zu urteilen, hatte er kaum etwas Außergewöhnliches erlebt. Sie waren stets sehr kurz gehalten, meist weniger als eine Folioseite beschrieben. Sogar die beiden Empfänge beim »Sonnenkönig« Ludwig XIV. haben ihn danach nicht sonderlich beeindruckt. So teilte er dem Vater den ersten Empfang, den die Gemahlin des königlichen Bruders, Elisabeth Charlotte (genannt Liselotte von der Pfalz) arrangierte, folgendermaßen mit: »... wie madame la Dauphine mich gar wohl empfangen und sich zu allen gegen mir offieret, güng hernacher auß ihrem gemach auf die lange gallerie, allwo der König zu ihr kam, an welchen sie mich presentirte.«[7] In einem späteren Brief verwies der protestantische Fürstensohn aus Sachsen auf Verfolgungen der Hugenotten, die im Zusammenhang mit dem Edikt von Fontainebleau 1685 wieder verstärkten Repressalien ausgesetzt wurden: »Es wird von ganz gewiß gesaget, das die Straßburger order bekommen haben sich in etlich dagen zu resolviren die religion zu chanchiren zu dem und sein auch schon viel dragoner hineinmarschiret

Beginn der Reise in Leipzig

Erste Station Paris

sie zu bekehren.« Außer dem Empfang bei König Ludwig interessierte ihn besonders das Schloß Versailles, in das wenige Jahre zuvor Regierung und Hof von Paris aus verlegt worden waren. Jedermann zugänglich, bildete es eine überragende Demonstration an Macht und Größe. Ähnliches muß Friedrich August bei der Besichtigung der von Sébastien le Prestre de Vauban geschaffenen Befestigungsanlagen mit den zahlreichen vorgeschobenen Bastionen empfunden haben, zumal er durch seinen Lehrer Wolf Caspar von Klengel zum Studium des Festungswesens besonders angeregt worden war.

Die Briefe des Hofmeisters von Haxthausen an seinen kurfürstlichen Herrn besaßen höheren Informationswert. Während der junge »Graf zu Leißnigk« auch über den zweiten Besuch bei Ludwig XIV. nur kurz berichtete, daß er ihn »gar honnet und mit gar fihller distinction empfangen«, wird aus des Hofmeisters Mitteilung deutlich, daß auf seine Bitte hin Elisabeth Charlotte »sich gütigst erbotten, meinen Herrn nicht allein dem König zu presentiren, sondern auch in allem waß zu Seinem Vergnügen am hiesigen hofe gereichen könte zu contribuiren«. Er berichtete weiterhin über Personen, politische Ereignisse, diplomatische Aktivitäten, militärische Vorkommnisse, Regimenteraufstellungen und vieles andere, was in Sachsen zur Aufhellung der französischen Eroberungen im Westen des Reiches durchaus zu kennen wichtig war. Denn die Reunionspolitik Frankreichs verschärfte die Kriegsgefahr.

Für Friedrich August ging die Zeit seines Aufenthaltes in Paris und Versailles im Herbst 1687 zu Ende. Er hatte hier abwechslungsreiche Tage verlebt, die vormittags mit Unterricht und Studien, nachmittags mit Ausflügen und Besichtigungen und abends mit Gesellschaften und Theateraufführungen ausgefüllt waren. Dadurch

gab es viele Gelegenheiten für Bekanntschaften und Beobachtungen. Als die Reisegesellschaft von Paris aufbrach, um nach Spanien weiterzuziehen, gab der Hofmeister ein »Verzeichnis der ordinari – Monatl. Ausgaben«[8].

Reisekosten	800 Taler	monatlich, mit dem Wein, ohne das Extraordinaire
	175 „	Hausmiethe
	80 „	für 7 Pferde zu unterhalten und dem Schmiede
	34 „	für die Kutsche, welche der Herr Graf gemietet
	224 „	Kostgeld für den Doktor, den Geistlichen, den Sekretär und andere Bediente
	65 „	für die Exerzitien in der Akademie, für Kopf und Ringrennen
	23 „	für den französischen und spanischen Sprachmeister
	15 „	für den Tanzmeister
	50 „	für den Herrn Grafen (Friedrich August) als Handgeld
	7 „	für den Fortifikationsmeister
	160 „	für Reisen nach Versailles, für Oper und Komödien

Dies ergab eine monatliche Ausgabensumme von 1633 Talern. Sie blieb also unter den in Dresden veranschlagten 2000 Talern.

In Bayonne nahe der spanischen Grenze mußte eine längere Zwangspause eingelegt werden, weil Friedrich August an einer fiebrigen Krankheit litt, die sich bis Jahresende hinzog und infolgedessen spezielle Aktivitäten des begleitenden Arztes Dr. Pauli erforderte. Selbstverständlich gab er auch darüber ausführlichen Bericht nach Dresden, der allerdings über die Krankheitsursache nur Vermutungen äußerte. Der Doktor war heilfroh, als die Genesung des ihm anvertrauten Jünglings wieder sichtbare Fortschritte machte, so daß gegen Jahresende die Reise fortgesetzt werden konnte.

Ende Dezember 1687 erreichten die Reisenden Madrid. Friedrich August beeindruckte vor allem der Escorial, ein riesiges Granitbauwerk, das auf Weisung Philipps II. von 1563 bis 1585 als Kloster, Kirche und königliche Begräbnisstätte errichtet worden war. Diese eigenartige Residenz trug wohl mit dazu bei, daß den architekturbegeisterten Fürsten Zentralbauprojekte ein Leben lang immer wieder beschäftigten. Ein Abstecher führte nach Lissabon, und dann ging es wieder zurück nach Paris, das man jedoch wegen des Ausbruchs des Pfälzischen Krieges im Mai 1688 – früher als beabsichtigt – fluchtartig verlassen mußte.

Spanien und Portugal

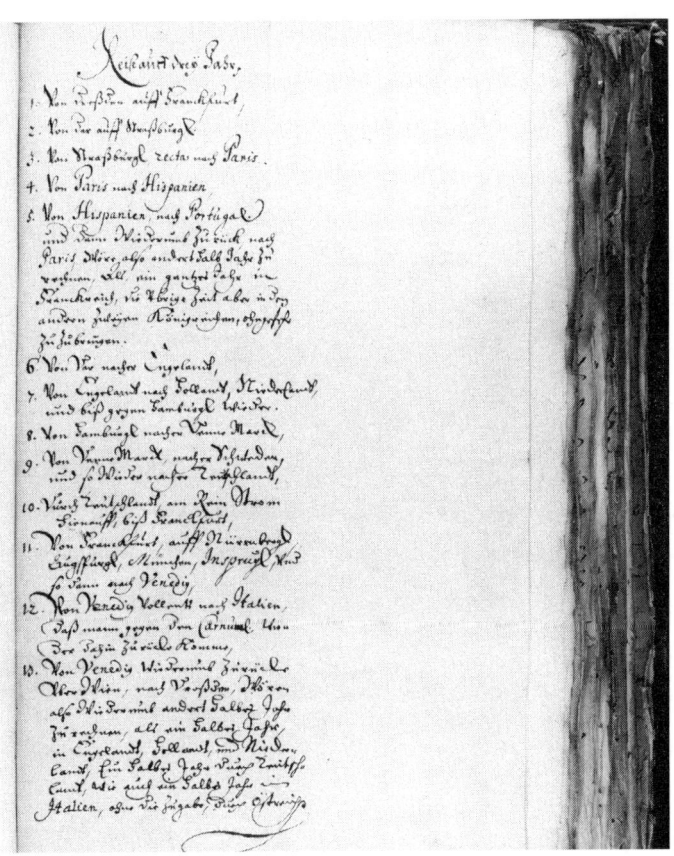

Programm für die Kavalierstour des Kurprinzen Friedrich August.
Diese »Reise auf drey Jahr« sollte den »Graf von Leißnigk« vom 19. Mai 1687 bis zum 28. April 1689
von Dresden über Frankfurt am Main und Straßburg nach Paris, Spanien, Portugal, England, Holland,
Dänemark, Schweden, von da erneut über Frankfurt, Nürnberg, Augsburg, München und Innsbruck
nach Venedig und auf der Rückreise von Italien über Wien zurück nach Dresden führen.
Staatsarchiv Dresden

Klosterschloß San Lorenzo del Escorial.
Auf seiner Kavalierstour war Friedrich August Ende Dezember 1687 in Madrid angekommen.
Der spanische König Karl II. empfing ihn am 21. Januar 1688 in seinem Kabinett ohne spanische Hofetikette.
Darüber berichtete der junge Wettiner stolz nach Dresden: »Der König hat mir mit dem Hut unter den armen
und in einem abarten gemage empfangen, welches noch keinen wiederfahrenn ist ... «
Zeitgenössischer Kupferstich. Staatliche Kunstsammlungen Dresden, Kupferstich-Kabinett

»Paris hat den Prinzen ganz verdorben«, urteilte abschließend Liselotte von der Pfalz, nicht
wissend, daß dieser nun noch nach Italien und
insbesondere nach Venedig reise. Hier genoß Venedig
Friedrich August lebens- und liebeshungrig die
heitere und ausgelassene Atmosphäre der Lagu-
nenstadt, die zur Karnevalszeit den Gipfel erreichte. Als ihn im März der väterliche Befehl
zur Heimkehr erreichte, dürfte ihm der Abschied
von den venezianischen Schönheiten sehr schwer
geworden sein. Nach einem Besuch der Habsburger Residenzstadt Wien ging die Reise über Prag
zurück nach Dresden, wo sie am 28. April 1689
ihr Ende fand.

Kurfürst Johann Georg IV. von Sachsen.
Der zwei Jahre ältere Bruder Friedrich Augusts trat im September 1691 die Nachfolge seines Vaters an.
Aber nur wenige Jahre sollte der hinsichtlich seiner natürlichen Gaben
zu energischer und willensstarker Regentschaft befähigte Kurfürst regieren.
Reliefmedaillon aus Böttgersteinzeug nach einem Elfenbeinrelief von Balthasar Permoser.
Staatliche Kunstsammlungen Dresden, Porzellansammlung

Im darauffolgenden Jahr erkrankte der nun Zwanzigjährige an den Blattern, einer gefährlichen und ansteckenden Infektionskrankheit, die damals in vielen Fällen zum Tode führte. Doch Friedrichs kräftige Konstitution und ein glücklicher Krankheitsverlauf mögen dazu beigetragen haben, daß er sich bald wieder erholte. Während der Genesung beschäftigte er sich mit zeitgenössischer Romanliteratur, unter anderem mit der 1688 von Heinrich Anselm von Zigler und Kliphausen veröffentlichten »Asiatischen Banise«, einer Erzählung im allerschwülstigsten Stil, die der Schriftsteller dem Kurprinzen Johann Georg, Friedrichs Bruder, gewidmet hatte. Zeitgenossen spendeten diesem Werk großen Beifall. Außerdem las der Genesende das ungeheuer ausladende und schwülstige Werk des Daniel Kaspar von Lohenstein »Großmütiger Feldherr Arminius oder Hermann nebst seiner durchlauchtigsten Thusnelda«, das zweibändig in Leipzig 1689/90 erschienen war.

Literarische Versuche des Prinzen

Sicherlich durch diese Lektüre angeregt, aber auch durch die Mußestunden während der Gesundung veranlaßt, begann der junge Herzog selbst einen Roman im Stile dieser Vorbilder zu schreiben. Es sollte ein Loblied auf die Wettiner und die von ihnen vertretenen fürstlichen Ideale werden. Aber der Roman blieb Stückwerk und kam über wenige Seiten nicht hinaus. Er charakterisierte nur eine kurze Periode sächsischer Geschichte und die Persönlichkeiten des Großvaters, Vaters und Bruders. Sich selbst beurteilte Friedrich August als einen jungen frischen Herrn, »der wenig achtete und in seiner jugen(d)

Seite aus dem handschriftlichen Romanfragment
des zwanzigjährigen Friedrich August. Es zeigt die bis an sein Lebensende bewahrte Eigenart,
seine Schriftstücke so zu schreiben, wie er sprach.
Staatsarchiv Dresden

schon . . . zeigte das er von leibe gliederen und constitution stark wehren wierde von gemiette giettig freigebig nichts andres als was eine ehr lihbende sehl anstendig tuhn sohl liebtr geschickt alle exercitia zu lernen hingegen wohlte er sich zum studiren nicht appliciren sagend er wierd nichts als ein mahl den degen zu seinem fort kohmen bedierffen dero halben ihm in der zarten jugent schon das sohltahten weßen ein gepflanzet wahr . . . «[9]. Dieser Entwurf spiegelt sein Selbstbewußtsein, den Stolz auf sein fürstliches Geschlecht, aber auch seine Enttäuschung wider, daß er als Zweitgeborener keine Aussicht auf die Regentschaft hatte, obwohl er sich dem Bruder gegenüber als der Geeignetere empfand, denn »ihdenog daht der jingerer es dem elteren alle zeit zu vor«. Außerdem spielte der junge Mann auch auf die Liebesgeschichte mit Marie Elisabeth von Brockdorf an, von der er einsah, daß er diese »hoftahme« . . . »nicht in stande zu heirahtten« wäre.

Herrschaft Johann Georgs IV. Als im Jahr 1691 der Vater Johann Georg III. starb, trat sein ältester Sohn als Kurfürst Johann Georg IV. die Nachfolge an. Sie sollte nur wenige Jahre währen. Verheiratet, doch ohne eheliche Zuneigung zu der sechs Jahre älteren Eleonore Erdmuthe Louise von Ansbach-Bayreuth, verwitwete von Sachsen-Weimar, wandte er sich ganz seiner Mätresse, der bildschönen und raffinierten Sibylla Magdalena von Neitschütz zu, die bald darauf vom Kaiser zur Reichsgräfin von Rochlitz erhoben wurde. Aber auch sie erkrankte an den Blattern und starb im April 1694. Der liebende Kurfürst, der die Sterbende geküßt und sich so angesteckt hatte, folgte ihr noch im gleichen Monat im Tode nach. Damit war nun für Friedrich August der Weg vom Herzog zum Kurfürsten von Sachsen frei! Obwohl er auf diese Weise seinen sehnlichsten Wunsch in Erfüllung gehen sah, kam er doch völlig unvermutet zur Regierung eines bedeutenden, wirtschaftlich aufstrebenden deutschen Territorialstaates.

FRIEDRICH AUGUST I., KURFÜRST VON SACHSEN, ALS AUGUST II. KÖNIG IN POLEN

Zur Jahresmitte 1694 trat der junge und überaus ehrgeizige Friedrich August seine Herrschaft als Kurfürst von Sachsen an. Aber damit gab sich der nach größerer Macht strebende Wettiner noch nicht zufrieden. Wie andere deutsche Fürsten nutzte er die Chance, eine Königskrone zu erlangen.

WENIGE Jahre später hatte er als August II. von Polen dieses Ziel erreicht. Doch der Weg dahin und die Erhaltung seiner Königsherrschaft waren mit vielen Schwierigkeiten und Problemen verbunden, die ihm sowohl Bundesgenossen als auch Gegner bereiteten.

In einem um 1704 französisch geschriebenen Pamphlet »Portrait de la cour de Pologne« urteilte ein bisher nicht mit Sicherheit zu identifizierender Autor über August II.: »Alles Gute am Hof hat ihn zum alleinigen Urheber. Sein Rat ist stets der tauglichste, seine Entschlüsse sind aufs beste gefaßt, und die Ausführung seiner Pläne basiert auf vernünftigen und einwandfreien Gründen. Niemals wartet er auf die Hilfe anderer, um eine Angelegenheit zur Ausführung zu bringen, sondern ersinnt selbst die dazu nötigen Mittel und macht sie durch Geistesschärfe leicht ausführbar. Endlich ist er von einem Haufen unwissender, fader, alberner, egoistischer, boshafter und feiger Menschen umgeben, die er in seinem Dienst duldet, obgleich er sie sicherlich kennt. Sie allein bilden ein Hemmnis, ihn zu seiner Größe gelangen zu lassen, und wenn sie auch nicht imstande sind, seinen Ruhm zu verdunkeln,

bringen sie es vielleicht durch ihre Falschheit und gemeine Handlungsweise doch so weit zu verhindern, daß er ins recht Licht gerückt wird und die Früchte hiervon genießen kann.«[10]

Als diese Zeilen geschrieben wurden – von einem dem König ergebenen Mann –, hatte Friedrich August bereits zehn Jahre Regierungserfahrungen gesammelt, war durch Höhen und Tiefen in seinem politischen Wirken geschritten. Nun stand er vor der Tatsache, daß sein Gegner im Nordischen Krieg, der noch jugendliche Schwedenkönig Karl XII., ihn infolge der militärischen Niederlagen als polnischen König August II. absetzen konnte. In dieser für ihn und sein Land trostlosen Situation verfaßte er ein Dokument, das man ein »Politisches Testament« nennen kann. Diese Niederschrift war keinesfalls Ausdruck einer hoffnungslosen Resignation, sondern sie enthielt Vorschläge für Veränderungen, die der König aus Erfahrungen, Erkenntnissen, Fehlern und Versäumnissen seiner Regierungsvergangenheit herleitete.

Regierungs-»geschäfte«

Friedrich August I. hatte als junger Mann mit 24 Jahren die Regierung übernommen. Wenn er selbst bekannte, noch unerfahren in den »Geschäften« zu sein, dann versuchte er doch, diese

Medaille auf die Übernahme der Kurwürde durch Friedrich August von Sachsen.
Sie bildet den jungen Kurfürsten im Harnisch mit drapiertem Hermelinmantel ab. Der Revers zeigt den Hercules Saxonicus
als ein Motiv, das immer wieder in der Regierungszeit Augusts des Starken von Bildhauern,
Malern, Kupferstechern, Architekten, Goldschmieden und Medailleuren künstlerisch gestaltet wurde.
Der Hercules mit Löwenfell und Keule stützt sich auf ein Postament mit dem gekrönten sächsischen Kurwappen.
Silbermedaille von Philipp Heinrich Müller. Staatliche Kunstsammlungen Dresden, Münzkabinett

Unerfahrenheit durch eine Fülle von Aktivitäten wettzumachen. Die knappen Eintragungen des Hof-Journals von 1694 zeigen, daß der junge Kurfürst in den Mai- und Junitagen entweder im Dresdner Schloß residierte – hier befanden sich seine Arbeits- und Wohnräume im ersten Obergeschoß des Südflügels – oder in Moritzburg, wo er sich besonders gern aufhielt.[11]

Die ersten Wochen seiner Regierung waren mit jenen traditionellen Erbhuldigungen ausgefüllt, die jeder neue Kurfürst entgegennahm. Die Landschaft, das heißt die Vertreter der Stände, der Hofadel und die Bürgerschaft Dresdens, leisteten Friedrich August ihren Untertaneneid am 11. Juli 1694 (am 21. Juli nach dem am 18. Februar 1700 in Kraft getretenen Gregorianischen Kalender). Der festliche Akt fand in der Residenz statt, verbunden mit einem Gottesdienst, dreimaligem Glockenläuten und einer Predigt des Oberhofpredigers. Die Zeremonie leitete der Oberhof-

marschall von Haugwitz. Dem Dresdner Festakt folgten weitere Erbhuldigungen in Torgau, Wittenberg, Leipzig und Bautzen.

Mitte August begann für den neuen Landesherrn der Regierungsalltag, der jedoch zu dieser Zeit von wenig Regelmäßigkeit und Systematik durchdrungen war. Doch mit der Zeit sollte sich das ändern. Friedrich August stand sehr früh auf und erledigte vormittags seine Amtsgeschäfte, beispielsweise Beratungen oder Audienzen.

Hans Adam von Schöning

In diesen Tagen kehrte auch ein Mann nach Sachsen zurück, der bereits 1691/92 in sächsischen Diensten gestanden hatte: der Generalfeldmarschall Hans Adam von Schöning. In Unfrieden aus Brandenburg geschieden, hatte er Johann Georg IV. als Berater zur Seite gestanden und diesen energisch zu einer absolutistischen Politik veranlaßt, die im Inneren gegen die Stände und den Adel, nach außen jedoch gegen Brandenburg und Österreich gerichtet war. Deshalb

Galakutsche Augusts des Starken.
Es handelt sich um einen mit sogenannten S-Federn aufgehängten Kasten, zwei Schwangbäume verbinden Vorder- und Hinterwagen.
Barockmuseum Schloß Moritzburg

ließen ihn die Habsburger anläßlich eines Kuraufenthaltes in Teplitz verhaften und auf die Festung Spielberg bei Brünn bringen. Friedrich August vermochte Schöning infolge seiner guten Beziehungen zum Kaiser wieder freizubekommen. Es scheint so, daß der Feldmarschall den jungen Landesherrn entscheidend beeinflußte, die absolutistische Politik zu forcieren, und dieser ihm das Zepter der Regierung weitgehend überließ; denn bereits im Dezember 1694 berichtete der brandenburgische Gesandte über Schöning nach Berlin: »Sein Credit ist seit 14 Tagen dergestalt gestiegen, daß alles vor ihm zittert und zaget und er gantz absolute in allem verfähret, und zwar hat er u. a. durch die Intriguen der Königsmarckin, so den Churfürsten gantz possediret, es so weit gebracht, die jenigen, so ihm böse Dienste haben thun wollen und nicht Finesse und Adresse genug gehabt, es auf gute manier zu bewerkstelligen, haben ihn vielmehr immer besser und fester bey seinem hohen Principal gesetzt, da sie ihre Sachen mal à propos vorgebracht und alle ihre Passiones gezeigt haben.«[12]

Der geschäftige Fürst Kurfürst Friedrich August dürfte im Herbst dieses Jahres nicht seine ganze Zeit für die Regierung seines Landes verwendet haben. Er empfing zwar den kaiserlichen Gesandten von Harrach zur Audienz im Schloß, doch begab er sich wenige Tage später mit der Post von Dresden nach Leipzig zur Messe, eine Reise, die von früh um einhalb drei bis mittags einhalb zwölf Uhr, also in etwa neun Stunden, zurückgelegt war. Seine Hofstatt – Kleidung, Schmuck, Bettzeug und anderes – wurde stets extra transportiert; sie mußte vor ihm am Reiseziel sein. Zur Leipziger Messe fühlte sich Friedrich August schon seit seiner Kinderzeit besonders hingezogen. An der Jahreswende 1694/95 kam er bereits wieder zur Leipziger Neujahrsmesse. Seit 1693 mit Christiane Eberhardine von Brandenburg-Bayreuth vermählt, besuchte er zwischendurch auch seine Schwiegereltern in Bayreuth. Dann widmete er etliche Zeit seiner ersten offiziellen Mätresse, Aurora von Königsmarck, die im August 1694 nach Dresden gekommen war, um von hier aus Unterstützung in einer Familienangelegenheit zu erbitten. Vergnügungen und Feste fanden im bunten Wechsel in Dresden und Moritzburg statt.

Zur gleichen Zeit lernte der junge Friedrich August die ernste Seite des Regierungsgeschäfts kennen. Hof und Residenz erlebten den Auftakt politischer Auseinandersetzungen zwischen Kurfürst und Landständen, wie sie bis dahin in der sächsischen Geschichte noch nicht vorgekommen waren. Der Landesherr hatte den Landtag bereits im September einberufen lassen; am 18. November 1694 wurde er früh mit einem Gottesdienst feierlich eröffnet, dann zogen die etwa 400 Teilnehmer in den »Steinernen Saal« des Schlosses, der seinen Namen von dem mit Steinplatten belegten Fußboden erhalten hatte und nach dem »Riesensaal« den zweitgrößten Raum des kurfürstlichen Schlosses darstellte. Die Vorlesung der Proposition geschah in einem festgelegten zeremoniellen Akt: Auf einem erhöhten Podest thronte der Kurfürst, seitlich von ihm stand das Mitglied des Geheimen Rates, das die Proposition zu verlesen hatte. Dem Fürsten gegenüber saßen die Vertreter der ersten Kurie des Landtages: die Grafen auf samtbezogenen Stühlen, ebenso die Vertreter der Stifte von Meißen, Merseburg, Naumburg und Zeitz. Dann folgten die Universitätsdeputierten von Leipzig und Wittenberg auf Stühlen, die nur mit rotem Tuch be-

Der Landtag 1694/95

zogen waren. Auf ebensolchen Sitzgelegenheiten hatten auch die Landschaftsdeputierten und der Erbmarschall Platz genommen. Deutlich von diesen Abgesandten der ersten Kurie getrennt, saß links vom Mittelgang die Ritterschaft als zweite. Rechts davon durften die Städtevertreter als dritte Kurie Platz nehmen, wobei den Vorsitzenden der Städtekurie aus Leipzig, Wittenberg, Dresden und Zwickau die ersten Stühle vorbehalten waren. An den Wänden und im Mittelgang standen die Garde du Corps und die Schweizer Garde Spalier.

Landesherrliche Forderungen

In seiner Proposition ließ Friedrich August erklären, daß er die lutherische Lehre in seinem Land bewahren wolle, die Justiz zu schützen gedenke und die Treue zu Kaiser und Reich halten werde. Dann jedoch folgten seine Forderungen: die volle Bewilligung der Steuern auf sechs Jahre und zusätzlich zwei Quatembersteuern. Er ließ die Landschaft ermahnen, die Steuern tatsächlich aufzubringen, weil dies in der Vergangenheit meist nicht geschehen wäre. Die höheren Finanzansprüche begründete der Landesherr mit gestiegenen Kosten für den Hofstaat, für Verpflichtungen gegenüber Kaiser und Reich und auch für die Aufstockung des Militärs.

Ständische Wünsche und Beschwerden

Der kurfürstlichen Proposition folgten die Präliminarschrift der Stände, die in 16 Punkten deren Wünsche und Forderungen enthielt, und die »Gesammelten Gravamina der Landschaft«, in denen die zweite Kurie der Ritterschaft ihre Beschwerden vorbrachte. Sie richteten sich gegen Eingriffe kurfürstlicher Beamter, gegen größere Bewilligungen, gegen das Patent vom Oktober 1694 mit seinem Verlangen nach einer genauen Inventarisierung aller Rittergüter, von der man als Folge eine steuerliche Mehrbelastung erwarten mußte. Die Städtekurie reagierte in ihrem Auftreten gegenüber den landesherrlichen Ansprüchen uneinheitlich: Ein Teil schloß sich den

Beschwerden der Ritterschaft an, vor allem wandten sie sich gegen die Konsumtionsakzise, eine indirekte Steuer auf viele Waren des täglichen Gebrauchs. Einige Befürworter dieser landesherrlichen Maßnahmen wurden erbittert bekämpft; denn nach den Grundsatzerklärungen und Forderungskatalogen des Landesherrn und der Stände begann das umständliche und langwierige Feilschen der Parteien, das sich bis in das Frühjahr 1695 hinzog. Am 1. April fand die feierliche Schlußsitzung statt. Friedrich August hatte zwar eine »Bewilligung« für die ersten beiden Jahre seiner Regierung in Höhe von 200 000 Gulden erhalten, mußte jedoch auf die Forderungen nach Verstärkung des Militärs und Einführung der Konsumtionsakzise verzichten. Die Stände hatten erkennen müssen, daß sie zwar einem kompromißbereiten, aber entschlossenerem Fürsten gegenüberstanden, als es sein Bruder Johann Georg IV. gewesen war.

Während die Ständevertreter am Hofe und in der Residenz weilten, bot ihnen Friedrich August abwechslungsreiche Karnevalsfeste. Nach dem Abschluß der Landtagssession strebten sie wieder ihren Heimatorten zu, während der Kurfürst erst noch die Leipziger Ostermesse besuchte, dann ins Bad nach Teplitz und anschließend nach Wien reiste, um Ende Juli am Feldzug gegen die Türken in Ungarn teilzunehmen. Im Interesse des weiteren Ausbaus seiner zum Absolutismus strebenden Politik wäre allerdings seine Anwesenheit in Kursachsen notwendiger gewesen; denn die Ergebnisse des Landtages und die Auseinandersetzung während der Verhandlungen hatten offenbar werden lassen, daß dies erst ein Anfang war. Doch den ehrgeizigen Friedrich August drängte es zu neuen Taten außerhalb seines Landes. Mochte die Regierung daheim sehen, wie sie seine Politik und seine Forderungen gegenüber den Ständen durchsetzte!

Wie sah diese Regierung aus? Die entscheidenden staatlichen Instanzen waren am Hofe und in der Residenz etabliert. Doch faktisch gab es bei Regierungsantritt Friedrich Augusts kein Staatsorgan, das seine Ziele und Interessen bedingungslos verwirklicht hätte. Ständestaatliche Machtpositionen und absolutistische Politik ließen sich kaum konfliktlos miteinander vereinen. Das hatte die erste Ständeversammlung 1694/95 unmißverständlich gezeigt. Einen hervorragenden Einfluß auf die Stände übte beispielsweise ihr Erbmarschall Hans von Löser aus. Seit dem 14. Jahrhundert befand sich das Erbmarschallamt bereits im Besitz der Familie, die wiederum mit anderen alten sächsischen Adelsfamilien versippt und verschwägert war. Der gegenwärtige Erbmarschall fungierte zugleich als Geheimer Rat und Obersteuereinnehmer. Obwohl er im Dienste des Landesherrn verschiedene Missionen übertragen bekam, hieß das noch lange nicht, daß er dessen Politik insgesamt vertrat.

Der Geheime Rat Die oberste Staats- und Verwaltungsbehörde in Kursachsen repräsentierte zu dieser Zeit der Geheime Rat. Er bestand aus etwa einem Dutzend »wirklichen« Geheimen Räten und besaß seine eigene Kanzlei im Schloßkomplex. War der Landesherr in Dresden, nahm er meist an dessen Sitzungen teil und beeinflußte maßgeblich seine Entscheidungen. Den Vorsitz führte seit 1686 der Direktor Nikolaus Freiherr von Gersdorf. Er hatte bereits unter beiden Vorgängern Friedrich Augusts gedient. Der Herkunft der Mitglieder nach wurzelte diese Behörde tief in den ständischen Traditionen und stellte demzufolge mehr ein Gegengewicht zur kurfürstlichen Politik dar.

Finanz- und Steuerverwaltung Wie die Ständeversammlung zeigte, bildete das Finanz- und Steuerwesen den nervus rerum für ein absolutistisches Regiment. Doch hier türmten sich für den Landesherrn die größten Schwierigkeiten auf. Im Schloß befand sich zwar

Thronsessel aus dem großen Thronsaal im ersten Obergeschoß des Residenzschlosses.
In dem seit 1722 als Propositionssaal bezeichneten früheren Steinernen Saal fand die feierliche Eröffnung des Landtages statt.
Staatliche Kunstsammlungen Dresden, Museum für Kunsthandwerk

das »Gemach der Kammerräte«, was jedoch noch lange nicht bedeutete, daß der Schloßherr über die etwa drei Millionen Gulden des jährlichen Staatshaushaltes verfügen konnte. Die Einnahmen der Kammerverwaltung aus den fürstlichen Berg-, Münz-, Zoll-, Geleits-, Forstregalien und anderen Posten bildeten zwar die eine, die Steuerverwaltung jedoch die andere Seite. Die Stände hatten ein entscheidendes Wort mitzureden, wenn es um die Ausgaben ging. Das dafür zuständige Obersteuerkollegium setzte sich näm-

lich aus Beauftragten des Landesherrn, der Sekundogeniturfürstentümer Sachsen-Zeitz, Sachsen-Weißenfels und Sachsen-Merseburg sowie der Landstände zusammen. Damit war klar: Friedrich August mußte seine ganze Kraft darauf konzentrieren, die staatlichen Institutionen, den Hof, die Verwaltung, die Wirtschaftspolitik und selbst die kulturellen Traditionen im Sinne eines absolutistischen Regimes zu verändern. Dafür waren Geld, Machtstützen und Bundesgenossen unerläßliche Voraussetzungen.

Jacob Heinrich von Flemming.
Er führte die entscheidenden Verhandlungen in Warschau um die Wahl Augusts zum polnischen König.
Bis zu seinem Tod in Wien am 30. April 1728 war Flemming
als leitender Kabinettsminister eine der entscheidenden Stützen augusteischer Innen- und Außenpolitik.
Gemälde von Antoine Pesne, um 1720.
Staatliche Kunstsammlungen Dresden, Historisches Museum

Nachdem der Kurfürst von dem wenig erfolgreichen Türkenfeldzug aus Ungarn zurückgekehrt war, unternahm er einen erneuten Anlauf, die Stände gefügig zu machen. Diesmal ließ er aber nur einen sogenannten Ausschußtag nach Dresden einberufen, der aus knapp 100 Ständevertretern bestand. Diese Versammlung beriet im März und April 1696 und sollte dem Landesherrn das nötige Geld für eine zusätzliche Armee von 4000 Mann und die Feldzugskosten bewilligen, die Friedrich August forderte, um wiederum einen Kriegszug gegen die Türken zu unternehmen, für den er allerdings schon von Österreich, Holland und England 400000 Taler Subsidien kassiert hatte. Aber auch damit erntete er keinen militärischen Ruhm und legte das Amt des kai-

Medaille auf die Krönung von Kurfürst Friedrich August I. von Sachsen zum König August II. von Polen.
Die anläßlich dieses historischen Ereignisses geschaffene Medaille zeigt auf der Vorderseite den neuen König als Brustbild
in Harnisch und Hermelinmantel, auf der Rückseite den Stammbaum in Lorbeerzweigen mit der Abstammung
des Wettiners vom polnischen König Kasimir IV. in Gestalt gekrönter Wappenschilde versinnbildlicht,
war doch Barbara, die Gemahlin Herzog Georgs von Sachsen, die Tochter von Kasimir IV.
Silbermedaille von Christian Wermuth.
Staatliche Kunstsammlungen Dresden, Münzkabinett

serlichen Oberbefehlshabers im Herbst dieses Jahres nieder.

Bewerbung um die Krone Polens

Die nächsten außen- und innenpolitischen Schritte unternahm der Landesherr nun, ohne die Stände zu fragen. Sie waren dergestalt, daß ihre politische Tragweite über alles bisher Dagewesene hinausreichte: Er bewarb sich um die im Juni 1696 vakant gewordene polnische Königskrone und ließ dafür einen Mann aktiv werden, der aus Pommern kam und seit drei Jahren in kursächsischen Diensten stand: Jacob Heinrich von Flemming. Nur wenig älter als Friedrich August, hatte er in Frankfurt (Oder), Utrecht und Leyden studiert, verfügte über gute Verbindungen in Polen, zeigte sich diplomatisch begabt und geschäftstüchtig und verstand es auf diese Weise, Schlachta und Magnaten im Sinne seines Herrn zu beeinflussen.

Fürst Anton Egon von Fürstenberg, Statthalter in Kursachsen

Konversion zum Katholizismus

Da die Kronerwerbung den Übertritt zum Katholizismus erforderte, vollzog der Kurfürst auch diesen Schritt mit Hilfe eines Verwandten, des Bischofs von Raab, und zwar im geheimen, um ihn erst nach der Königswahl öffentlich bekanntzugeben. Noch vorher berief Friedrich August am 12. (22.) Juni 1697 alle seine Geheimen Räte ins Dresdner Schloß, um sie von der Bewerbung um die Krone zu unterrichten. Die Stände wurden weder gefragt noch benachrichtigt. In gleicher Weise verfuhr er bei der Einsetzung eines Statthalters, der während der Abwesenheit des Landesherrn in Sachsen regieren sollte. Es handelte sich um Fürst Anton Egon von Fürstenberg aus schwäbischem Adelsgeschlecht, der ebenfalls im Juni in Dresden ankam und sich im Audienzgemach Johann Georgs IV. einlogierte. Als er einen Monat später das erste Mal anstelle Friedrich Augusts die Sitzung des Geheimen Rates leitete, hat er auf einen »Grün Sammeter großen Stuhl mit Armlehnen gesetzt werden müssen«, wie das Hof-Journal von 1697 berichtete.[13]

Einen reichlichen Monat später fand der Krönungsakt statt, der nun den Kurfürsten Friedrich

Krönungsornat Friedrich Augusts für die Zeremonien in der Kathedrale des Wawel am 15. September 1697.
Der neugewählte König hatte sein Krönungsgewand mit Harnisch sowie schwerem pelzverbrämtem Mantel selbst entworfen.
In den Händen hielt er Zepter und Reichsapfel, auf dem Haupt trug er die polnische Königskrone.
Das Ornat geriet so schwer, daß Friedrich August Mühe hatte, die Krönungszeremonie zu überstehen.
Staatliche Kunstsammlungen Dresden, Historisches Museum

August zum König August II. erhob. Daraufhin mußten sich einige auserwählte Gesandte – unter ihnen von Flemming und von Wackerbarth an ausländische Höfe begeben, unter anderem nach Rom zum Papst und nach Wien zum Kaiser, um die erfolgte Königswahl anzuzeigen. Gleichzeitig gingen Hofbeamte, Dienstpersonal und allerlei Möbel auf die Reise nach Warschau. Friedrich August knüpfte mit der Wahl des Namens August II. bewußt an die Tradition des polnischen Königs Sigismund I. August an und damit an die Regierungszeit vor Einführung der freien Königswahl sowie des liberum veto in Polen.

Die Herrschaft des Sachsen in Polen war dennoch umstritten: Neben äußeren (Österreich, Rußland) und inneren Bundesgenossen (ein Teil der Magnaten, des hohen katholischen Klerus und der Schlachta) besaß der gerade Inthroni-

August II., König in Polen

Sächsische Regierung in Polen

44

sierte noch viele Gegner. So durfte er der polnischen Verfassung entsprechend nur mit kleinem Gefolge in das im schlechten Zustand befindliche Warschauer Schloß Wilanów einziehen. Die Königinwitwe des verstorbenen Jan Sobieski begrüßte ihn mit Zurückhaltung. Der Plan einer gemeinsamen Hofhaltung in Dresden und Warschau hatte kaum Aussicht auf Verwirklichung. Dagegen wurde eine deutsche Kanzlei gebildet, der die Verbindung zwischen beiden Regierungen oblag, insbesondere zwischen dem Kurfürst-König in Polen und seinem Statthalter von Fürstenberg in Sachsen. Als obersten Kanzler dieser Behörde berief August seinen Vetter, den Bischof von Raab.

Ab 1699 stieg Graf Wolf Dietrich von Beichlingen in dieses Amt mit großem Einfluß auf,

nunmehr offiziell als Großkanzler tituliert. Die Sekretariatsgeschäfte der Kanzlei führten dagegen zwei bürgerliche Mitarbeiter: Wolfgang Heinrich Vesnich und Christian August Beyer. Da die deutsche Kanzlei in zunehmendem Maße auch zur Erledigung polnischer Angelegenheiten herangezogen wurde, gab es Anlässe für viele Ärgernisse. So brachte die Durchsetzung seines Herrschaftsanspruchs für August II. stets neue Probleme: Ihre Lösung kostete in erster Linie viel Geld. Da es aus Polen nicht zu bekommen war, mußte immer wieder auf die Finanzquellen Sachsens zurückgegriffen werden.

Revision des Steuer- und Finanzwesens

Der schon vor Augusts Regierung in Kursachsen aufgekommene Plan einer umfassenden Revision des Steuer- und Finanzwesens im Zusammenhang mit der Verwaltung sollte nun ver-

»Neue Beschreibung Warschaus«, der Hauptstadt des Königreiches Polen.
Vom linken Weichselufer aus fällt der Blick auf das Panorama der Warschauer Altstadt mit dem Karmeliterkloster,
dem Palast des Fürsten Czartoryski, der Gedächtnissäule für König Sigismund I. August, dem Königsschloß, der Johanniskirche und dem Rathaus.
Tuschzeichnung von Johann Georg Feige, 1701. Staatsarchiv Dresden

Karl XII., König von Schweden.
Im gleichen Jahr, in dem der Wettiner Friedrich August zum polnischen König gewählt wurde,
trat der 1682 geborene Karl als Fünfzehnjähriger die Regierung an.
Gegen die Vormachtstellung Schwedens verbanden sich König August II. von Polen, Zar Peter I. von Rußland
und König Friedrich IV. von Dänemark. Mit 36 Jahren fiel Karl XII. bei der Belagerung
von Frederikshall in Norwegen. Kupferstich von Peter van Gunst.
Staatliche Kunstsammlungen Dresden, Kupferstich-Kabinett

wirklicht werden. Der Kurfürst-König ließ in Dresden eine sogenannte Große Kommission bilden, der höchste Hofbeamte angehörten: An der Spitze stand der Statthalter von Fürstenberg, dann folgten der Kammerpräsident Ludwig Gebhard von Hoym, ferner der Kammerherr und Generalwachtmeister Graf Karl Gustav von Löwenhaupt und einige andere adlige und bürgerliche Beamte, die die eigentliche Revision bei Personen und Verwaltungsinstanzen durchzuführen

hatten. Vom König abgezeichnete Instruktionen betrafen die Revision der Kammer- und Steuerverwaltung, der Landeskollegien, der Kriegskasse sowie der Rats- und Amtsrechnungen. Zur Aburteilung derjenigen, die Steuern oder Geld veruntreut hatten, wurde sogar ein Sondergericht eingesetzt. Einflußreiche Hofbeamte und Adlige erhielten wegen »Steuerhinterziehung« empfindliche Geldstrafen oder kamen in Haft, so der Oberhofmarschall von Haugwitz, der Oberkonsistorialrat von Knoch, der Geheime Rat von Bose oder der Kammerherr von Reibold. Für die Aufdeckung von Mißwirtschaft in den Städten zog man die Stadträte von Meißen, Stollberg, Pirna und Zwickau zur Verantwortung und belegte sie gleichfalls mit hohen Geldbußen.

Aber offensichtlich ging es dem Landesherrn in erster Linie um größere Geldsummen, wie aus einem Brief Augusts an den Statthalter zu erkennen ist: ». . . sie kenen nicht globen wie mir zuh mutte den ich die armee in einen fremde lande auf dem halse habe und in den 6. monat gehet des ich vor selbigen keinen einzigen groschen habe bekohmen, also machen was sie kehnen, damit ich gelt vor die armee bekohme, sonsten ist sie fellig ruiniret und mechten wohl gar auß einander gehen.«[14] Die Revision brachte dem König zwar erhebliche Einnahmen, jedoch lange nicht so viel Geld, wie er benötigte. Dafür zog er sich den Haß zahlreicher Hofbeamter zu, vor allem des Adels, und vieler Stadträte. Offene Gegnerschaft, vielfältige Intrigen und der Ausbruch des Nordischen Krieges zwangen August zum Nachgeben und zum Abbruch des Revisionswerkes, das zu einem wichtigen Instrument bei der Errichtung des Absolutismus in Kursachsen hätte werden können.

Der Nordische Krieg, in den sich August II. eingelassen hatte, bescherte ihm mehrere vernichtende militärische Niederlagen, die er in den Auseinandersetzungen mit seinem Vetter, Karl XII., einstecken mußte. Nahe daran, auf die polnische Krone zu verzichten, wurde dem Sachsen die Entscheidung durch den Schweden abgenommen, der Stanisław Leszczyński zum Gegenkönig in Warschau ausrufen ließ. Die umstrittene Stellung in Polen, die Rücksichtslosigkeit des schwedischen Draufgängers, der August seine Friedensbedingungen in Altranstädt 1706 aufzwang und dem Sachsenland die über ein Jahr

Niederlagen im Nordischen Krieg

Veränderungen in der Regierung

»Politisches Testament«

währende drückende Besatzung zumutete, die Parteienbildung in Sachsen für und wider den Kurfürsten stürzten die Herrschaft und das Land in eine tiefe Krise. Doch wenn die Gegner Augusts im In- und Ausland damit rechneten, ihn zu entmutigen oder zu beseitigen, hatten sie sich schwer getäuscht. Abdankungs- und Schuldgefühle traten nur vorübergehend auf. Nachdenklichkeit und Besonnenheit zügelten frühere Sprunghaftigkeit und führten zu gründlicheren politischen Überlegungen: Dazu hatte auch das schon erwähnte Pamphlet »Portrait de la cour de Pologne«, beigetragen. Die darin enthaltene rücksichtslose Kritik an über 30 Männern aus der königlichen Umgebung veranlaßte August nicht nur zum Nachdenken, sondern auch zum Handeln. Dem Geheimen Rat Christoph Dietrich von Bose dem Jüngeren, der in der Schrift als einer »der größten Spitzbuben und der dem Ansehen und dem wahrhaften Interesse seiner Majestät gefährlichste Minister des Hofes« bezeichnet wurde, befahl der König, genaue Rechenschaft über Einnahmen und Ausgaben der ihm für ein Jahr unterstellten Generalkriegskasse abzulegen. Seinen Geheimsekretär Vesnich, der im »Portrait« eine vernichtende Beurteilung erfahren hatte, ersetzte er durch neue Beamte: als Geheimsekretär Gottfried Adolph ô Feral sowie die Kabinettssekretäre Michael Nehmitz und Georg Ernst Pfingsten. Außerdem ließ August das Edikt gegen Veruntreuung anvertrauten Gutes erneuern.

Eine Abrechnung mit seinen zehnjährigen Regierungserfahrungen und einige in die Zukunft weisende politische Überlegungen enthielten drei Manuskripte, die vom Kurfürst-König wahrscheinlich 1705 niedergeschrieben worden sind. Die erste Handschrift, »Régel pour la postérité« überschrieben – Empfehlungen an seinen Sohn und Nachfolger, der damals kaum zehn Jahre alt war –, ist das »Politische Testament«, das nicht für die Öffentlichkeit bestimmt war und seine geheimsten Gedanken enthielt.[15] Der Verlust der Krone Polens und die sich daraus ergebenden Folgen blieben unerwähnt. An erster Stelle nannte er die Prinzipien, nach denen künftig die Geheimen Räte, also die höchsten Staatsbeamten, ausgewählt werden sollten. Offensichtlich liefen die Überlegungen auf die Bildung des Geheimen Kabinetts hinaus, das dann tatsächlich am 1. Juni 1706 geschaffen wurde. Dieses Regierungsinstrument des absolutistischen Herrschers, das seine Befehle und Wünsche auszuführen hatte, gliederte sich in drei Bereiche: das Oberhofmarschallamt (von Pflugk), Auswärtige Politik (von Flemming), Inneres und Finanzverwaltung (von Hoym). Jeder der drei »Minister« erhielt einen bürgerlichen Sekretär, womit der König den gleichfalls geäußerten Gedanken verwirklichte, daß neben die Beamten von Adel jeweils tüchtige bürgerliche Mitarbeiter zu stellen seien.

Hart ins Gericht ging August mit dem Adel in seinem Staat: Er solle künftig im Zaum gehalten und als Staatsdiener oder im Militär eingesetzt, notfalls dazu gezwungen werden. Adlige seien den Bürgern nur dann vorzuziehen, wenn ihr Fleiß dies rechtfertige. In der Theorie liefen diese Gedanken auf eine weitgehende Entmündigung des Adels hinaus, die politische Praxis jedoch sah anders aus.

Seine eigene Stellung umriß der König im »Testament« folgendermaßen: Den Untertanen gegenüber müsse er auf der Hut sein, ebenso vor Schmeichlern und Lügnern. Ungehorsame wären hart zu strafen. Dagegen sei der Umgang mit Menschen voller Ansehen und Verdienste besonders zu pflegen. Hohe Amtsinhaber müßten überwacht und vertrauensvolle Personen überall im Land gefördert werden. Der König müsse Herr im eigenen Land sein, eine gute Ökonomie führen und genügend Heeresmacht besitzen; er dürfe nur »Staatsehen« und keine »Liebesehen« schließen, wie es beispielsweise in Österreich üblich sei. Ausführlich entwickelte er seine Gedanken zur Außenpolitik: Rücksichtnahme gegenüber dem Kaiser üben, doch sich nicht in seine Abhängigkeit begeben. Mit den Nachbarländern – Böhmen, Schlesien, Brandenburg, Bayern – nur dann Verträge schließen, wenn sie für Sachsen Vorteile erbringen, mit den anderen Mächten Bündnisse eingehen. Die ernestinischen Vettern hätte August am liebsten an den Rhein verpflanzt und ihre thüringischen Gebiete zu Kursachsen geschlagen. Die albertinischen Sekundogeniturfürstentümer wollte er wieder an die Kurlinie zurückführen. Der Kirche und der Geistlichkeit dürfe nicht so viel Macht gegeben werden. Übermäßige Anhäufung von Geld und Gütern sei ihnen nicht zu gestatten. In ihren religiösen Angelegenheiten sollten sie frei entscheiden.

Das »Politische Testament« Augusts des Starken verriet die Enttäuschung des Herrschers, mehr über andere Personen und Gruppen als über sich selbst. Selbstkritik war ihm nicht abzusprechen, aber die Ursachen für die augenblickliche Lage des Staates und des Landes sah er nur bedingt in seinem absolutistischen Regime begründet, das mit vielen Halbheiten und Kompromissen beladen blieb.

Einen ähnlichen Eindruck vermittelt das zweite Dokument von des Königs eigener Hand. Das *Memoiren-Fragment* im Umfang einer Folioseite war gleichfalls zur Belehrung für seinen Sohn geschrieben, aber in der inhaltlichen Aussage ganz anders als der Romanentwurf von 1690. Hatte er früher den Adel verherrlicht und seinen Bruder überwiegend negativ beurteilt, so hielt er nun die Adelsherrschaft für die Ursache fürstlicher Ohnmacht.[16]

Mit dem dritten eigenhändigen Dokument, der *Denkschrift des Königs*, blickte August schon wieder in die Zukunft:

48

Entwurf eines runden Schildes (oder Tellers?) mit den Wappen der ehemals selbständigen Herrschaften,
die die Wettiner im Laufe der Jahrhunderte in ihren Besitz gebracht hatten bzw. auf die sie Erbansprüche geltend machen konnten.
Wozu dieser Entwurf letztlich dienen sollte, der in der Ausführung
nach Augusts eigenhändiger Anweisung auf der Zeichnung »apart topelt gestickert werde«, ist unbekannt.
Er verdeutlicht aber sowohl das Machtbewußtsein des wettinischen Kurfürstenhauses als auch die genaue Kenntnis,
die Friedrich August persönlich davon hatte.
Tuschzeichnung, undatiert, mit eigenhändigen Bemerkungen Augusts des Starken.
Staatsarchiv Dresden

»Project ins fahl das Haus Estraich absterben sohltes.«[17] Es scheint für ihn bezeichnend, daß er trotz seiner augenblicklich ungünstigen Lage Hoffnungen auf den Übergang der Kaiserwürde von den Habsburgern auf die Wettiner hegte. Nach seinem »Project« sollten die deutschen Territorien Habsburgs einem jeweils neu zu wählenden Kaiser aus der Reihe der deutschen Fürsten zugesprochen werden, dem diese Fürsten dann auf Lebenszeit huldigten. Da Kaiser Leopold von Habsburg am 5. Mai 1705 gestorben war, dürfte dies wahrscheinlich für August als Reichsvikar der Anlaß für seine »Denkschrift« gewesen sein.

Einige Jahre später vermittelte er die Heirat seines Sohnes mit einer habsburgischen Kaisertochter, um diesem Ziel näher zu kommen.

Aber nicht nur die persönlichen Aufzeichnungen des Landesherrn waren Ausdruck einer Staatskrise, sondern auch verschiedene Streitschriften aus den Jahren 1705/06, die teilweise durch das »Portrait de la cour de Pologne« ausgelöst worden waren. Sowohl adlige als auch bürgerliche Autoren meldeten sich zu Wort und gaben entweder ihre Zustimmung oder taten ihre Ablehnung zur weiteren Festigung der absolutistischen Herrschaft kund. Die Auswirkungen die-

Staatskrise in Kursachsen

49

ser Staatskrise zeigten sich in einem verschlechterten Verhältnis zwischen Kurfürst und Adel. Ständevertreter übten harte Kritik an den landesherrlichen Maßnahmen. Hohe Staatsbeamte trieben fraktionelle Innen- und Außenpolitik. Diesem Treiben versuchte August mit Hilfe des Geheimen Kabinetts zu begegnen, dem er auch das für ihn so wichtige Bauwesen, die Hoheits- und Gnadensachen sowie die Prozesse wegen Majestätsbeleidigungen zuordnete. Fast gleichzeitig erfolgte die Bildung der Oberrechenkammer zur staatlichen Finanzkontrolle. Beide Einrichtungen bildeten die ersten dieser Art in einem deutschen Territorialstaat. Ferner ratifizierte der König die Generalakziseordnung, mit der er sich über das Recht der Stände hinwegsetzte, in Steuerfragen noch entscheidend mitzubestimmen. Den Geheimen Rat ließ August zwar weiterbestehen, aber er sank zu einer Mittelbehörde herab. Das Amt des Statthalters verlor entscheidend an Gewicht. Fürstenbergs Protest gegenüber dem Geheimen Kabinett blieb unbeachtet. So hatte der König trotz der militärischen Niederlagen, der schwedischen Besatzung und der Staatskrise sein absolutistisches Regiment gefestigt. Zwar geriet die Niederlage nicht zum Sieg, aber zumindest gab es Voraussetzungen für eine erfolgreiche Weiterführung seiner Politik unter der Bedingung, daß er außenpolitisch wieder mehr Bewegungsfreiheit erhielt und den eigenen Grundsätzen treu blieb.

In den Jahren zwischen 1705 und 1709, in denen sich der Kurfürst mit dem Königstitel im wesentlichen auf Sachsen beschränkt sah, unternahm er nicht nur tatkräftige Maßnahmen zur Stärkung des Absolutismus und damit zur Festigung der politischen Stellung des Dresdner Hofes, sondern er versuchte auch, dessen gesellschaftliche und kulturelle Bedeutung zu erhöhen. Aussagekräftige Quellen bilden die »Hof-Jour-

Diplomatische
Aktivitäten

August wieder
in Polen

nale« dieser Jahre. Sie belegen vor allem rege diplomatische Aktivitäten in Form von Audienzen, die der Herrscher den Gesandten Englands, Dänemarks, Holsteins, der Niederlande und Schwedens oft mehrmals gewährte. Im Jahre 1707 traf er sich häufig mit dem schwedischen König in Altranstädt, Günthersdorf, Leipzig und Dresden, um bessere Friedensbedingungen auszuhandeln. Mehrfache Konferenzen mit dem Geheimen Kabinett, weiteren kurfürstlichen Räten und Visiten mit den Herzögen der Sekundogeniturfürstentümer waren an der Tagesordnung.

Zwischendurch hatten »Königl. Maj. ungelegenheit an Zähnen, weßwegen für sich den ganzen Tag innen halten mußten«[18]. Bald reiste er aber nach Karlsbad zur Kur und führte, neben Bädern und Spaziergängen, häufig Verhandlungen. Zur Abwechslung brachten ihm 300 Bergleute aus Johanngeorgenstadt »eine Musique«.

Die Leipziger Messen ließ er gleichfalls nie ohne seine Anwesenheit vorübergehen, ebenso nicht zahlreiche Opernaufführungen oder Maskenfeste im Ball- und Schießhaus zu Dresden. Einen Höhepunkt aber bildeten die Festlichkeiten anläßlich des Besuches seines Vetters, des Königs Friedrich IV., im Juni/Juli 1709. Der politische Anlaß der Einladung bestand in der Gewinnung des Dänenkönigs für eine erneute Allianz gegen Schweden. Die anschließende Reise beider Herrscher zum Preußenkönig Friedrich Wilhelm I. diente demselben Zweck, allerdings ohne Erfolg. Alle diese Aktivitäten des in seinem vielseitigen Eifer nie erlahmenden Friedrich August standen im engsten Zusammenhang mit seinem Ziel, die Krone Polens wiederzuerringen. Am 21. August überschritt er mit seiner Armee die Oder. Des Königs »Hofstaat« war ihm schon vorausgeeilt.

Doch im Vergleich zu 1697 hatte sich die Lage entscheidend verändert, wie der Vertrag von Thorn 1709 andeutete, den Peter I. bestimmte und

*Entwurf von Johann Daniel von Jauch für die Ausgestaltung des Senatorensaales
im königlichen Schloß zu Warschau. August der Starke versuchte bei diesen Umbauten zwischen 1713 und 1716
seine absolutistischen Bestrebungen in Polen zu verdeutlichen:
Kartuschen über den Eingangstüren mit dem Monogramm AR, dem polnischen Adler und dem litauischen Reiter
sowie eine auf Marmor geätzte Landkarte des Königreiches Polen.
Aquarellierte Federzeichnung, nach 1733. Staatsarchiv Dresden*

August II. akzeptierte. Nun hing das Schicksal des erneut inthronisierten Polenkönigs weitgehend vom russischen Zaren ab. Der Verzicht des Gegenkönigs Leszczyński auf den Thron brachte nur wenige Vorteile, und die Staatsstreichpläne zur Beseitigung des liberum veto verstärkten den Widerstand im Lande. Augusts Gegner schlossen sich in der Konföderation von Tarnogród zusammen. Kampfhandlungen gegen die sächsischen Truppen, die man nun als Besatzungsmacht empfand, entbrannten – von Militär und Bauern getragen – in verschiedenen Teilen des Landes. Als der Frieden von Warschau zustande kam, mußte der König seine militärische Macht einschränken. Sein Geheimes Kabinett durfte sich in polnische Angelegenheiten nicht mehr einmischen. Am Ende des Nordischen Krieges 1721

gingen August und Sachsen leer aus, während Preußen einen beachtlichen Gebietsgewinn verbuchen konnte.

Baueifer in Warschau

Doch je mehr Augusts politischer Einfluß in Polen zurückgedrängt wurde, desto intensiver entfaltete er seinen Baueifer und seine kulturellen Ambitionen. Er ließ das Warschauer Bauamt nach Dresdner Muster einrichten, ordnete Umbauten für das Königsschloß in der polnischen Hauptstadt an, ließ das »Sächsische Dörfchen« und das »Sächsische Palais« anlegen und einen Theaterbau errichten. Das Leben am Hofe zu Warschau war nicht weniger abwechslungsreich und prächtig als in Dresden, doch erhielt es seinen Glanz viel mehr durch polnische Magnaten, hohe Würdenträger und Adlige als durch Vertreter Sachsens. Die relative Stabilisierung der

*Empfang einer Gesandtschaft des türkischen Sultans
durch August den Starken im Senatorensaal des Warschauer Königsschlosses.
Als König von Polen hatte er diplomatische Beziehungen
zum unmittelbar an das Königreich Polen angrenzenden Osmanischen Reich zu unterhalten.
Gouachezeichnung eines unbekannten Künstlers, um 1730.
Staatsarchiv Dresden*

Herrschaft Augusts II. konzentrierte sich in den zwanziger Jahren auf die Verwirklichung einer Real- statt nur einer Personalunion zwischen beiden Ländern.

In Kursachsen begann indessen seine zweite Regierungshälfte wenig verheißungsvoll. Gegen die beabsichtigte Konversion des Kurprinzen Friedrich August hatte sich eine geheime Verschwörung gebildet, die vom sächsischen Adel ausging. Angebliche Kontakte mit der Mutter des Königs, die jedoch 1717 starb, und mit Christiane Eberhardine sollten helfen, den Übertritt des Prinzen zum Katholizismus zu verhindern und wenn möglich den Vater zu entthronen. Ausgerechnet im Oktober 1717, zur Zweihundertjahrfeier der lutherischen Reformation, wurde die in Wien erfolgte Konversion Friedrich Au-

Erneute Unruhe in Kursachsen

gusts bekannt und vom Kurfürst-König offiziell bestätigt. Dazu erneuerte er das Religionsversicherungsdekret für die Protestanten, aber auch dies vermochte die Wogen der Empörung im Lande kaum zu glätten.

Gleichfalls fand der Plan des Vaters, den Sohn mit der Tochter Kaiser Josephs, der Erzherzogin Maria Josepha von Österreich, zu verehelichen, nur wenig Zustimmung. Hof und Stände waren in ihrer Haltung gespalten. Gerüchte gingen um. Wollten die Gegner tatsächlich die Kurwürde dem Herzog von Weißenfels antragen? Doch August II. unternahm nichts, was die Befürchtungen von Adel und Bürgertum, der Stände und der Bauern wegen einer eventuell beabsichtigten Rekatholisierung hätte nähren können. Er versuchte, die katholische Konfession als Privat-

»Prospect der vom König Augusto erweiterten, erneuerten und herrlich gezierten Elbe-Brücke zu Dresden«.
Da die alte steinerne Brücke den gewachsenen Anforderungen nicht mehr genügte, erhielt Pöppelmann den Auftrag,
diese wichtigste Verbindung vom Residenzschloß nach den östlichen Landesteilen und nach dem Königreich Polen neu zu gestalten:
eine gepflasterte Straße mit massiven Gehwegen, ein schmiedeeisernes Geländer und Beleuchtung.
Anonymer Kupferstich, 1733.
Staatliche Kunstsammlungen Dresden, Kupferstich-Kabinett

sache seiner Familie hervorzuheben, und ließ die Hochzeit des Kurprinzenpaares 1719 so prachtvoll feiern wie kaum ein anderes Fest seiner Zeit, um die Stärke augusteischer Herrschaft damit herauszustellen. Den Reaktionen anderer Staaten – insbesondere Preußens, weil er Kaiserwürde und Erblichkeit der polnischen Krone anstrebte – suchte er mit Hilfe eines Dreibundvertrages zwischen Österreich, England und Sachsen zur Erhaltung seines Königtums zu begegnen.

In der Folge politischer Höhen und Tiefen, die der Kurfürst-König durchschreiten mußte, prägte sich sein Regierungsstil zunehmend überlegter und systematischer aus. Der Umgestaltung des Geheimen Kabinetts 1712 folgte fünf Jahre später ein neues Arbeitsreglement. Tägliche Konferenzen mit seinen Ministern – frühmorgens von

Veränderungen im Regierungsstil

acht bis neun Uhr – wurden die Regel, wobei dienstags, mittwochs, freitags und sonnabends sächsische Angelegenheiten und solche des Reiches sowie internationale Beziehungen, an den zwei übrigen Wochentagen die polnischen Probleme auf der Tagesordnung standen. Ohne vorhergegangene Bearbeitung durch die Sekretäre des Kabinetts und die Meinungsäußerung der Minister lehnte der König Diskussionen und Entscheidungen ab. Für jeden Ministervortrag gab es schriftliche Unterlagen und Papiere, auf denen die Anordnungen und Befehle des Herrschers zu den einzelnen Punkten festgehalten und am Schluß von ihm pauschal abgezeichnet wurden.

Seit 1720 behielt sich August die Entscheidungen für die Außenpolitik und die Militärangelegenheiten vor. Nun erfolgte auch die Einbezie-

Medaille auf das sächsische Reichsvikariat im Jahre 1711.
Mit der Kurwürde des Herzogtums Sachsen-Wittenberg war im Heiligen Römischen Reich das Reichserzmarschallamt verbunden.
Der Reichserzmarschall trug bei den Krönungsfeierlichkeiten das Krönungsschwert voran,
kommandierte in Abwesenheit des Kaisers die Reichsarmee, führte die Hauptfahne des Reiches und war oberster Richter
der Trompeter und Pauker im Reich. Dazu gehörte schließlich die Ausübung des Reichsvikariats
in den deutschen Territorien sächsischen Rechts für die Zeit zwischen dem Ableben des Kaisers und der Wahl seines Nachfolgers.
Als am 17. April 1711 Kaiser Joseph I. starb, mußte der sächsische Kurfürst das Reichsvikariat übernehmen,
das am 12. Oktober 1711 mit der Wahl von König Karl II. von Spanien, Josephs Bruder, zum Kaiser endete.
August der Starke erfüllte diese Funktion außerordentlich gewissenhaft,
brachte sie ihm doch weiteren Machtzuwachs und erhöhtes politisches Ansehen.
Das spiegelt sich auch in der Medaille wider, die der Leipziger Medailleur und Münzeisenschneider Albrecht Krieger fertigte.
Die Vorderseite zeigt August den Starken mit der polnischen Königskrone, umgeben von den acht albertinischen Kurfürsten seit 1547.
Auf der Rückseite befinden sich die Porträts der wettinischen Kurfürsten seit 1423,
einschließlich der der ernestinischen Linie seit 1485. Silber.
Staatliche Kunstsammlungen Dresden, Münzkabinett

hung des Kurprinzen in die Regierung. Kompetenzstreitigkeiten zwischen dem Thronfolger und den Ministern, insbesondere mit dem einflußreichen Grafen von Flemming, entschied der Vater oftmals zugunsten des Sohnes. 1726 machte er den jungen Friedrich August sogar zum leitenden Minister im Geheimen Kabinett, und während seines Aufenthaltes in Polen übte der Kurprinz für einige Zeit die Herrschaft in Sachsen aus, wenn auch nicht ohne Schwierigkeiten, die ihm die anderen Kabinettsmitglieder bereiteten. Auf alle Fälle haben diese Maßnahmen des Königs erheblich dazu beigetragen, den Stellen-

wert von Hof und Residenz im Territorialstaat zu erhöhen und zu festigen.

Der Aufwand seiner Regierungstätigkeit hatte nunmehr erheblich zugenommen. Trotz einiger Krankheiten und Unfälle erfreute sich der Kurfürst-König meist bester Gesundheit und hervorragender körperlicher Kräfte. Beispiele seiner Tapferkeits- und Kraftproben sind bis heute bekannt. Ob sie sich alle so zugetragen haben wie das oft gerühmte und schriftlich belegte Zerbrechen eines Hufeisens im Jahre 1711, wird nachträglich schwer zu beweisen sein. Den ihm zugeschriebenen Beinamen »der Starke« hat er zu

August »der Starke«?

Lebzeiten nicht getragen. Von seiner Körperstärke allein rührt er jedenfalls kaum her. Daß er auf preußischen Ursprung zurückgeht, um den Rivalen auf ironische Art nachträglich herunterzuspielen, bleibt vorläufig noch Vermutung. Da sich Friedrich August oft messen und wiegen ließ, ist überliefert, daß er 1,76 Meter groß war und 1712 sein höchstes Gewicht aufwies: 260 sächsische Pfund, also 121,4 Kilogramm.

In den zwanziger Jahren des 18. Jahrhunderts wurde ein Gewichtsverlust registriert, der mit Stoffwechselkomplikationen und Fußbeschwerden einherging. Offenbar litt der König an Diabetes. 1726 verursachten ihm Entzündungen und eiternde Wunden an den Füßen erhebliche Schmerzen. Im Dezember dieses Jahres glaubte er sein Ende nahe und ließ seinen Letzten Willen niederschreiben. Nach der Amputation einer kranken Zehe des linken Fußes am Neujahrstag 1727 trat wieder eine Besserung ein. Ein Dresdner Hofschuhmacher schrieb deshalb ein Gedicht[19]. Aber nicht nur in Dresden, sondern auch anläßlich des Berlinbesuches bei den Hohenzollern 1728 fanden die königlichen Beschwernisse allgemeine Beachtung, obwohl sich August II. alle Mühe gab, diese zu überspielen. Das wieder zunehmende Körpergewicht – 1730: 228 sächsische Pfund (106,5 kg) – verriet die Rückkehr zu seinen früheren Eß- und Trinkgewohnheiten mit reichlicher und fetter Nahrung und dem Genuß schwerer Weine.

Seine letzten Regierungsjahre waren erfüllt vom Bestreben, dem Kurprinzen Friedrich August die Thronfolge in Polen zu sichern. Denn gelang es dem Sohn nicht, die polnische Krone zu behaupten, so blieb ihm nur der Titel Kur-

Des Königs Krankheit

fürst, und er sänke hinab in die Masse deutscher Fürsten. Deshalb unternahm August II. nicht nur die verschiedensten außenpolitischen Aktivitäten, sondern forcierte auch den Abschluß der Militärreform, die in den weithin beachteten »Lustlagern« (Manövern) von Zeithain 1730 und Czerniachów 1732 gipfelten, was aber auch einer Herausforderung an den brandenburgisch-preußischen Nachbarn gleichkam. In der Regierung, am Hofe und in der Residenz wollte er zu seinen Lebzeiten noch Ordnung halten. Aber in welcher Lage würde der Thronfolger nach seinem Tod sein? Diese Gedanken schienen ihn oft zu quälen. So schrieb er ein knappes Jahr vor seinem Tod: »Ich habe nur wenige Jahre Zeit zu leben, und ich wollte sie benutzen, um Euch auf die Staatsgeschäfte vorzubereiten, deren Irrtümer und Intrigen ich seit 38 Jahren erkannt habe. In welchem Zustand bin ich gewesen und wie werde ich sie Euch hinterlassen.«[20]

Kurfürst Friedrich August I. von Sachsen und August II. von Polen vermochte das Ziel, den Absolutismus in beiden Ländern zu errichten, nur teilweise zu erreichen. In seinem Heimatland gelangte er zu beachtlichen Erfolgen durch verschiedene Reformen, die Regierung, Hof und Residenz zu europäischer Bedeutung erhoben. Aber die weitere Entwicklung unter seinem Nachfolger mußte die Entscheidung darüber bringen, ob sein Werk Früchte trug. Daß es vor allem die kulturellen und künstlerischen Leistungen seiner Zeit sein würden, die weiterwirkten, hat er vorausgeahnt. Die vielseitigen Anregungen und Entscheidungen ließen Werte und Werke entstehen, die der Nachwelt von seiner überragenden Persönlichkeit und dem Zeitgeist Kunde geben.

Ratschläge für den Nachfolger

DIE FAMILIE OHNE FAMILIENLEBEN

*Von einem Familienleben konnte am Hofe Friedrich Augusts keine Rede sein,
denn in den ersten Regierungsjahren eilte, ja hetzte der vielbeschäftigte
junge Kurfürst von einem Ereignis zum anderen.
Jedes Familienmitglied lebte für sich,
besaß ein eigenes Schloß
und einen eigenen
Hofstaat.*

FAMILIENBILDER zu zeichnen oder zu malen hatten die sonst am Hofe so stark beschäftigten Künstler kaum Gelegenheit. Von all den Frauen am sächsischen Hof brachte August II. seiner Mutter sicher die höchste Achtung und das meiste Vertrauen entgegen. Die Kurfürstinwitwe Anna Sophie lebte seit dem Tod ihres Mannes (1691) fast ohne Unterbrechung auf ihrem Witwensitz Schloß Lichtenburg nördlich von Torgau. Sie verfügte über einen eigenen Hofstaat, zu dessen etwa 90 Mitgliedern auch Personen aus ihrer dänischen Heimat und Holstein gehörten.

Königinmutter Anna Sophie

Anna Sophie kannte die Stärken und Schwächen ihres Zweitgeborenen sehr genau. Als überzeugte Anhängerin des evangelischen Glaubens stand sie seinem Übertritt zum Katholizismus reserviert gegenüber, doch akzeptierte sie ihn offensichtlich, schon wegen der Standeserhöhung von der Kur- zur Königswürde, was der ehemaligen dänischen Königstochter nur recht sein konnte. Denn hätte sie sonst gleich zwei Abgesandte, sowohl den Oberhofmeister als auch den Oberstallmeister, im Juli 1697 nach Polen geschickt, um dem Sohn die herzlichste Gratulation zur Krönung zu übermitteln?

Auf die respektvolle Achtung des Sohnes vor der Mutter vermag man nicht nur aus den Grußformeln seiner Briefe zu schließen – »Durchleichtigste churfürstin, genedige vrau mutter« oder »Ew. gnaden ergebenster treier sohn und knecht Friedrich Augustus könig und chfs«[21] –, sondern vor allem aus den vertraulichsten und sogar geheimsten Mitteilungen, die er ihr zukommen ließ. Beispielsweise eröffnete er der Mutter den Plan, den antischwedischen Politiker Reinhold von Patkul mit einer verwitweten Frau von Einsiedel zu verheiraten, um diesen livländischen Edelmann und Gesandten des Zaren eng an sich zu binden. Der Brief mit dieser Mitteilung vom 31. Mai 1704 enthielt den Nachsatz: »Ew. gnaden sein soh gittig und gedenken von dieser saches gegen nichmanden zu sprechen, den ich besorge, das unseres herren Saxen, soh sie es erfahren, es suchen mechten zu hientertreiben.«[22] Knapp zwei Jahre später schrieb er der Mutter, daß sich Patkul als »boshaft und treulos«, ja als meineidig erwiesen hätte.[23] Offensichtlich wollte sich August rechtfertigen, daß er den einstigen Bundesgenossen an Karl XII. ausgeliefert hatte, der ihn grausam hinrichten ließ. Der damals entthronte Sohn bat auch die Mutter

Vorhergehende Seite:

11 *Friedrich August I., Kurfürst von Sachsen, als August II. König in Polen. Gemälde von Louis de Silvestre, 1718. Staatliche Kunstsammlungen Dresden, Gemäldegalerie Alte Meister*

12 *Prinz Friedrich August zu Pferde. Aus der Ehe von Kurfürst Friedrich August I. mit Christiane Eberhardine ging 1696 ein Sohn hervor. Der Hofmaler Louis de Silvestre malte 1718 den Prinzen im Alter von 22 Jahren im Galakostüm, mit Allongeperücke, dem Weißen Adler-Orden am blauen Band auf einem prächtigen Pferd sitzend. Staatliche Kunstsammlungen Dresden, Gemäldegalerie Alte Meister*

13 *Kurfürstin Christiane Eberhardine von Sachsen. In Fortsetzung der außenpolitischen Bestrebungen von Kurfürst Johann Georg IV., der 1692 mit Kurfurst Friedrich III. von Brandenburg einen Vertrag gegen Frankreich geschlossen hatte, wurden die dynastischen Verbindungen zwischen Wettinern und Hohenzollern gefestigt. Johann Georg heiratete 1692 die verwitwete Markgräfin Eleonore Erdmuthe Louise von Ansbach-Bayreuth. Ein Jahr später wurde die Ehe zwischen Friedrich August und Christiane Eberhardine von Brandenburg-Bayreuth geschlossen. Kupferstich von Martin Bernigeroth, um 1700. Staatliche Kunstsammlungen Dresden, Kupferstich-Kabinett*

14 *Ursula Katharina von Boccum, Gräfin von Lubomirska, seit 1700*
Fürstin von Teschen. Sie war mit dem polnischen Kron-Ober-Kammer-
herrn Georg Dominic Fürst von Lubomirski verheiratet, als sie 1697
die Mätresse des neuen polnischen Königs wurde. 1704 von der Gräfin
Cosel verdrängt, ging sie zunächst nach Breslau. 1705 nach Dresden
zurückgekehrt, erhielt sie von August dem Starken ein Palais in der
Pirnaischen Gasse in Dresden geschenkt, das spätere Hotel de Saxe.
Pastellgemälde von Rosalba Carriera. Staatliche Kunstsammlungen
Dresden, Gemäldegalerie Alte Meister

15 *Anna Constanze Gräfin von Hoym, geborene Brockdorf.*
Als »maitresse en titre« hat die spätere Gräfin Cosel in den Jahren
1704 bis 1712 bedeutenden Einfluß auf August den Starken ausgeübt,
doch ihr Ehrgeiz brachte ihr zum Schluß Verbannung und Gefangenschaft
auf der Burg Stolpen. Gemälde von Adám Mányoki, um 1711.
Staatliche Kunstsammlungen Dresden, Gemäldegalerie Alte Meister

16 *Empfang des sächsischen Kurprinzen Friedrich August (August III.) durch Ludwig XIV.*
am 27. September 1714 im Schloß Fontainebleau.
Wie den Vater vor beinahe 30 Jahren stellte Liselotte von der Pfalz nun den Sohn
dem großen »Sonnenkönig« vor. Von 1711 bis 1719 befand sich der Kurprinz
auf seiner Kavalierstour durch Europa und machte im Herbst 1714 in Paris Station.
Gemälde von Louis de Silvestre d. J.
Staatliche Kunstsammlungen Dresden, Historisches Museum

17 *Empfang Augusts des Starken im Berliner Schloß.*
Nach den vergeblichen Versuchen Brandenburg-Preußens,
den sächsischen Ost-West-Handel zu behindern, trat im zweiten Jahrfünft
der zwanziger Jahre eine erneute Annäherung beider Staaten ein,
die zu gegenseitigen Besuchen in Dresden oder Potsdam—Berlin führte.
Gemälde von Antoine Pesne, um 1728.
Schloß Charlottenburg, Berlin (West)

18 *Karussellrennen im Zwinger im Rahmen der Karnevalslustbarkeiten im Februar 1722.*
Der Maler gestattet den Blick vom Kronentor auf das Schloß und die Elbe.
Im Anschluß an die tatsächlich vorhandenen Zwingergebäude
nach der Arkade aus Holz hat er die unausgeführt gebliebenen Zwingerbauten
zum Elbufer hin mit dargestellt.
Gemälde von Johann Alexander Thiele, 1722.
Staatliche Kunstsammlungen Dresden, Gemäldegalerie Alte Meister

19 *Der Neumarkt in Dresden, vom Jüdenhof aus gesehen.*
Vor der Frauenkirche von George Bähr steht die Alte Wache.
Das 1749 von Bernardo Bellotto, genannt Canaletto, geschaffene Gemälde
vermittelt einen Eindruck vom Leben in der Residenzstadt am Ende
der Regierungszeit Augusts des Starken.
Staatliche Kunstsammlungen Dresden, Gemäldegalerie Alte Meister

20 *Nymphenbad mit Blick auf die Kaskade.*
Das von Pöppelmann entworfene und gezeichnete Bauwerk als Teil des Zwingers
zeigt oben in der Mitte die polnisch-sächsische Wappenkartusche.
Auf einem Schriftband sind die Buchstaben F. A. R. P. dargestellt: Fridericus Augustus Rex Poloniae.
Kupferstich von Johann Georg Schmidt. Aus dem Kupferstichwerk von Matthäus Daniel Pöppelmann
»Vorstellung und Beschreibung Der von Sr. Königl. Majestät in Pohlen und Churfl. Durchl. zu Sachsen erbauten
so genannten Zwinger-Gartens Gebäuden, . . .« Dresden 1729.
Staatsarchiv Dresden

– eine Tante des schwedischen Karl –, die Hilfe Dänemarks zu erwirken, um Sachsen zu retten.

Die Ehefrau Augusts des Starken, Christiane Eberhardine, lebte nicht weit von der Schwiegermutter entfernt auf Schloß Pretzsch oder Schloß Hartenfels in Torgau. Der Hofstaat der Kurfürstin entsprach dem der Königinmutter; es befanden sich darunter sieben Hofdamen und sieben Pagen sowie sechs Oboisten als Hofmusik. Christiane Eberhardine war eine stets ernste und zurückgezogen lebende Frau, deren Hoffnung, eine gute Ehe mit vielen Kindern zu führen, nicht in Erfüllung ging. Obwohl sie ihren Ehemann äußerst selten sah, liebte sie ihn – es »verlanget mich gar ser, ihm wider hir zu wißen«[24] –. Aber sie weigerte sich, ihm als Königin nach Polen zu folgen. Am 10. Juli 1705 schrieb sie ihrem Vater, Christian Ernst von Brandenburg-Bayreuth, daß sie »die unglückseligste auf erden« sei, »welche mit so vielen leuden umgeben, daß ich wohl tegl. und stüntl. nach meiner erlößung seufze und ein seeliges ende mir alles guht machen könte«[25]. Der überzeugten Protestantin bereitete der Übertritt des Kurprinzen zum Katholizismus und seine Heirat mit der gleichfalls katholischen Maria Josepha von Österreich sicher die größte Enttäuschung. Beides konnte nicht im Sinn Christianes sein, zumal sie unter dem Einfluß von Männern stand – beispielsweise ihres Oberhofmeisters Johann Balthasar von Bose oder des Oberhofpredigers Dr. Samuel Benedikt Carpzow –, die sowohl zu den politischen Gegnern des Kurfürst-Königs als auch zu den religiösen Feinden des Katholizismus zählten.

Genau wie die Königinmutter kam auch die Gemahlin nur zu ganz besonderen Anlässen nach Dresden, wenn es die höfische Etikette erforderte. August selbst behandelte seine Frau mit betonter Höflichkeit, wenn er sie auch nur selten sah. Als er sie 1725 besuchte, stellte er ihr Matthäus Daniel Pöppelmann zur Verfügung, um den Pretzscher Schloßgarten umgestalten zu lassen. In seinem Letzten Willen von 1726 bat er den Sohn, für seine Mutter zu sorgen. Doch der Kurprinz kümmerte sich kaum um sie. Als Christiane Eberhardine im September 1727 starb, kamen weder Ehemann noch Sohn zu ihrer Beisetzung. Im Lande selbst betrauerten sie die Evangelischen tief als »weinende Rahel« und »Betsäule Sachsens«.

Der Kurprinz Friedrich August, am 17. Oktober 1696 in Dresden geboren, blieb nur die ersten Jahre in der Obhut seiner Mutter und kam danach auf Geheiß des königlichen Vaters an den Hof der Großmutter. Ob Anna Sophie wohl daran glaubte, den Enkel einmal als dänischen König zu sehen? Jedenfalls verwandte sie große Sorgfalt auf dessen Erziehung. Doch am Hofe der Königinmutter unterlag er auch der Beeinflussung solcher Adliger, wie derer von Gersdorf, von Haugwitz oder von Knoch, die als Gegner des Königs und als Vertreter der Stände der absolutistischen Politik entgegenzuwirken trachteten. Vielleicht war das der Grund, weshalb August II. 1702 an seine Mutter schrieb, sie möge die Formierung eines Hofstaates für den sechsjährigen Prinzen noch unterlassen. Daß der Kurfürst-König schon in diesem Alter mit dem Jungen bestimmte Pläne verfolgte, gehörte zu seinen politischen Bemühungen um Errichtung des Absolutismus, die er von seinem Thronfolger fortgesetzt wissen wollte. Deshalb teilte er Anna Sophie ein knappes Jahr später mit, nicht Graf von Flemming, sondern der königliche Prinz sollte die Landvogtei der Oberlausitz übernehmen, wie sie seinerzeit der Vater von August, Johann Georg, geführt hatte. Damit konnte auch die Bildung des eigenen Hofstaates erfolgen, der aus zwei Kammerherren, zwei Pagen, zwei Kammerdienern und vier Lakaien bestand. Als Hofmeister

Christiane Eberhardine: die enttäuschte Gemahlin

Kurprinz Friedrich August

fungierte Alexander von Miltitz, sicher auf ausdrücklichen Wunsch der Großmutter.

Obwohl der König persönlich wenig an der Erziehung seines Sohnes teilhatte – nur gelegentliche Besuche waren fast ausschließlich mit Jagdvergnügen ausgefüllt, für die sich der Prinz begeisterte –, ließ er sie durch Vertraute offenbar genau beobachten. Deshalb bat er die Großmutter im März 1705, den jungen Friedrich August zu ihm nach Dresden zu schicken. Doch Mutter und Großmutter stimmten offensichtlich darin überein, den Jüngling dem Einfluß des sehr frei und katholisch lebenden Vaters so lange wie möglich zu entziehen und vollendete Tatsachen zu schaffen. So wurde der Vierzehnjährige vom Lichtenburger Hofprediger 1710 konfirmiert. Daraufhin entschloß sich August II. zu energischem Handeln. Er nahm den Sohn am 24. Mai

Die »Einteilung der Tafelsitze auf dem Saugartenhaus« in der Dresdner Heide.
Während der Karnevalsfeierlichkeiten des Jahres 1725 vom 7. Januar bis zum 12. Februar fand im Wechsel mit Opernaufführungen,
Ballettabenden und Maskenbällen in Dresden am 27. Januar ein großes Saujagen statt, an dem 107 Personen teilnahmen.
Sie erlegten 33 bauende Schweine, 23 angehende Schweine, 34 Keiler, 114 Bachen und 109 Frischlinge, insgesamt »313 Stück«.
Die Jagdteilnehmer wurden im Saugartenhaus verköstigt, wozu bereits zwei Tage vorher Wasser und Kohlen,
Wein und Bier sowie das erforderliche Tafelgeschirr mit vielen Pferdewagen in die Heide transportiert worden waren.
Der Grundriß des Saugartenhauses verdeutlicht die Verteilung der Gäste in den einzelnen Räumen des ersten Stocks des Jagdhauses.
Kolorierte Handzeichnung, 1725. Staatsarchiv Dresden

des folgenden Jahres unverhofft mit auf die Reise, ja er entführte ihn förmlich dem Einfluß der Frauen. Diese erste Reise ging nach Polen, wo dem Prinzen ein neuer, nun von Jesuiten ausgewählter Hofstaat zur Verfügung stand. Die folgende Reise des Thronfolgers ins Ausland ließ sich mit jener des Vaters von 1687 bis 1689 nicht vergleichen, denn sie galt dem Ziel, den Königssohn für den Katholizismus zu gewinnen, wie es August der Starke seiner Kirche und dem Papst versprochen hatte.

Der Übertritt Friedrich Augusts erfolgte am *Konversion* 27. November 1712 im italienischen Bologna *des Prinzen* und mußte vorerst streng geheim bleiben. Welche psychische Wirkung dies auf den ursprünglich streng lutherisch erzogenen Jüngling hatte, ist unbekannt. Ohne Folgen dürfte der Wechsel kaum geblieben sein. Nachweislich großen Eindruck machte auf den jungen Friedrich August die Kunst Italiens, die er mehrere Jahre auf sich wirken lassen konnte. Als er im Herbst 1714 nach Frankreich kam, galt er in Paris und Versailles als anmutiger junger Mann mit gewandten Umgangsformen, den galante Damen gleichgültig ließen, der sich jedoch für die Kunst, das Theater und die Jagd begeisterte. Da der Vater eine Rückkehr nach Sachsen noch nicht erlaubt hatte, ging der Sohn nochmals nach Italien, diesmal in Begleitung des polnischen Adligen Alexander Joseph Sulkowski, der während der folgenden zwei Jahrzehnte zum Vertrauten des Prinzen und späteren Königs werden sollte.

Von einem engen Verhältnis zu des Königs *Wettinische* wettinischen Verwandten konnte keine Rede *Verwandtschaft* sein. Die Herzöge in den seit 1656 bestehenden albertinischen Sekundogeniturfürstentümern Sachsen-Merseburg, Sachsen-Weißenfels und Sachsen-Zeitz versuchten, mehr oder weniger eigene Wege zu gehen, sich trotz vertraglicher Bindung vom Kurhaus immer weiter zu ent-

fernen. Ihre Verfassungs- und Verwaltungszustände glichen einander weitgehend, waren in Regierung, Kammer und Konsistorium gegliedert. Sie besaßen Gesandte am Dresdner und auch meist am Wiener Hof. Gemeinsam strebten sie zum Absolutismus, wenngleich die Herzöge dabei unterschiedliche Erfolge verzeichneten.

In Sachsen-Zeitz trug bereits der Kanzler, Geheime Rat und Konsistorialpräsident Veit Ludwig von Seckendorf mit seiner staatstheoretischen Schrift »Der Christenstaat«, 1685 in Leipzig gedruckt und erschienen, dazu bei. Er beriet Herzog Moritz Wilhelm, dessen Lehrer er gewesen war. Konflikte mit Kursachsen gab es schon vor Friedrich Augusts Regierung. Dazu hatte auch die Heirat des Herzogs mit der Tochter des brandenburgischen Kurfürsten Friedrich Wilhelm, Amalie, beigetragen. Denn dieses Liebäugeln zwischen Hohenzollern und Sachsen-Zeitz traf in Dresden auf Ablehnung. August der Starke zog die Zügel wieder fester an: 1711 ließ er im Ländchen seines wettinischen Vetters die Generalkonsumtionsakzise sowie die Dresdner Maße für Getreide und Getränke einführen. Der zweimaligen Konversion des Herzogs Moritz Wilhelm – 1715 zum Katholizismus und 1718 wieder zum lutherischen Glauben – lagen nicht jene politischen Ursachen zugrunde wie bei August II. Doch auch in diesem Fall arrangierte der jüngere Bruder des Herzogs, Christian August, Bischof von Raab, den Übertritt zum Katholizismus.

Die Herzöge der Sekundogenituren wetteiferten in ihren Bauvorhaben und in der Entfaltung von Pracht und Luxus; ein meist üppiger Hofstaat zeigte, daß man diesen als ein Instrument absolutistischer Politik einzusetzen wußte. Das galt besonders für Johann Georg von Sachsen-Weißenfels, der gleichfalls zu Augusts Zeit von 1697 bis 1712 ein glänzendes Hofleben entfaltete

Die Sekundogeniturfürstentümer

und deshalb einen solchen Schuldenberg aufhäufte, daß eine kaiserliche Kommission ins Land kommen mußte, um den Staatsbankrott zu verhindern. Einige der herzoglich-albertinischen Vettern standen im Dienst des Kurfürst-Königs, wie beispielsweise Johann Adolf II. von Sachsen-Weißenfels als General und Kommandant der Garde du Corps. Nur Sachsen-Zeitz kam noch zu Augusts Lebzeiten, 1718, zum Kurfürstentum zurück. Der Anschluß der beiden anderen Sekundogeniturfürstentümer vollzog sich erst infolge des Aussterbens der Seitenlinien 1738 (Merseburg) und 1746 (Weißenfels).

Mätressen

Die Mätressen des Kurfürst-Königs gehörten eigentlich nicht zur Familie, obwohl einige von ihnen durchaus quasi-familiäre Beziehungen sogar zu Mutter und Ehefrau des Fürsten pflegten oder sich die Familienzugehörigkeit durch ein besonderes Privileg erwarben. Mätressen gab es im 17. und 18. Jahrhundert an vielen Höfen Europas. In Frankreich und Kursachsen erlangten sie zweifellos internationale Berühmtheit. Ihre Stellung verstand sich als Hofamt – ohne freilich in den Akten des Hofmarschallamtes mit Namen und Titel zu erscheinen –, denn sie nahmen an zahlreichen höfischen Veranstaltungen teil wie die Mutter oder Gemahlin des Herrschers, wie der Oberhofmarschall oder der Hofadel, auch wenn die Mätresse nicht adeliger Herkunft war. Soziale Abstammung bildete kaum ein Kriterium, da eine Mätresse als offiziell erklärte Geliebte des Kurfürst-Königs unabhängig von Herkunft und Vermögen zum höchsten Rang nach ihm – auf Zeit – emporstieg. Die Gesellschaft hatte dies zu tolerieren. Rechtsgelehrte mußten es rechtfertigen, und sonst übliche Moralanschauungen besaßen dafür keine Gültigkeit.

Die Ehe des kursächsisch-polnischen Herrschers gehörte dagegen – wie auch die anderer Fürsten und Könige – zu den vertraglichen und politischen Bindungen, über die man sich nicht so schnell hinwegzusetzen vermochte. Diese »Staatsehen« sollten keine »Liebesehen« sein, wie August II. in seinem »Politischen Testament« schrieb. Das Verhältnis mit einer Mätresse war schnell zu lösen: Man konnte sie verkuppeln, verheiraten oder verstoßen. August hat sich all dieser Mittel bedient, wenn auch meist nicht auf plumpe Art, sondern mit Delikatesse.

Aurora von Königsmarck

Aurora von Königsmarck, eine bereits erfahrene Frau, schenkte ihm nicht nur stürmische Liebeserlebnisse, denen der Sohn Moritz entsproß, sondern auch die Genugtuung, eine außerordentlich schöne und geistreiche Frau – eine »Göttin der Morgenröte« – bei den ersten Festlichkeiten seiner kurfürstlichen Regierungszeit an seiner Seite zu wissen.

Die Liaison war nur von kurzer Dauer, denn der liebeshungrige und die Abwechslung vorziehende Mittzwanziger brachte sich aus Wien schon eine Nachfolgerin mit, erfüllte aber der Vorgängerin den Wunsch, schließlich Pröpstin des Damenstiftskapitels von Quedlinburg zu werden. »Ihm hat es immer Spaß gemacht, mehrere Liebschaften gleichzeitig zu haben, von einem warmen Bett ins andere zu eilen, ohne daß die Frauen voneinander wußten«, glaubt die Autorin eines jüngst erschienenen Buches »Constantia von Cosel und August der Starke« (1984) zu wissen und führt zum Beweis an: »Auch als Constantia ihr erstes Kind erwartete, waren zwei andere von ihm schwanger: Fatima, zum zweitenmal, und Henriette, die Weinhändlerstochter aus Warschau.«[20]

Fatima und Henriette

Bis zum Jahr 1707 war August II. Vater von fünf illegitimen Kindern, denn außer der Gräfin Königsmarck, die ihm 1696 den Sohn Moritz schenkte, hatte ihm die Türkin Fatima bereits 1702 einen weiteren Sohn geboren, der den Namen des Vaters, Friedrich August, bekam, und

Schlafzimmer Augusts des Starken nach der Neugestaltung durch Pöppelmann und Le Plat.
Die nach dem Hofzeremoniell vorgenommene Anordnung, Funktion und Ausstattung der Räume ließ dem Audienzgemach
das Schlafzimmer folgen. Die Wände waren mit grünem Samt ausgekleidet.
Borten und pilasterartige Streifen mit Applikationen von Goldbrokat auf roter Seide schmückten den Raum,
der auch mit grünem Samt ausgelegt war. Supraporten von Silvestre, kostbare Spiegel,
Türgewände und ein Kamin aus farbigem Marmor vervollständigten die Innengestaltung.
Das Deckengemälde hatte Silvestre 1719 beendet.

vier Jahre später eine Tochter Katharina, die 1728 mit dem Grafen von Bielinski verheiratet wurde. Die türkische Mutter brachte der König mit seinem Kammerdiener Spiegel zusammen, von dem es im »Portrait de la cour Pologne« hieß, daß »außer dem jungen Spiegel« kein Kammerdiener existierte, »der ein Geheimnis hüten« konnte. August unterhielt demnach jahrelang intime Beziehungen zu dieser schönen Frau mit der unbekannten Herkunft, während er gleich-

Ursula
Katharina
von
Boccum

zeitig noch mit Ursula Katharina von Boccum, verheiratete Fürstin Lubomirska, einer rassigen und exzentrischen Schönheit, liiert war, die ihm 1704 den Sohn Johann Georg gebar. Die Lubomirska erhob der Kaiser auf Wunsch des Kurfürst-Königs zur Fürstin von Teschen. Hinzu kam 1707 noch eine Tochter, Anna Cathérina, von der Tänzerin Henriette Rénard.

August der Starke, nun in den dreißiger Jahren seines Lebens, also im besten Mannesalter,

Katharina, Gräfin von Bielinska als Jägerin.
Sie entstammte der Verbindung Augusts des Starken mit der Türkin Fatima und wurde 1706 geboren.
1729 heiratete sie den Grafen Bielinski. Gemälde von Louis de Silvestre, 1726.
Staatliche Kunstsammlungen Dresden, Gemäldegalerie Alte Meister

»Prospect von dem Königl. Lust-Schloß Pillnitz an der Elbe und umliegender Gegend, wie sich solches gegen Mittag presentiret«
Die Grundherrschaft Pillnitz mit dem Rittergut hatte Kurfürst Johann Georg IV. seiner Mätresse
Sibylla Magdalena von Neitschütz geschenkt. August der Starke übereignete es 1706 ebenfalls seiner Mätresse,
der Gräfin Anna Constantia von Cosel, und nahm es dann nach deren Verhaftung in eigenen Besitz.
Radierung von Johann Alexander Thiele. Staatliche Kunstsammlungen Dresden, Kupferstich-Kabinett

machte in dieser Zeit zugleich die bittersten Erfahrungen durch: In Polen entthront, von Karl XII. gedemütigt, sein Heimatland von den Schweden besetzt und in Sachsen selbst Auseinandersetzungen mit den Ständen und der Adelsopposition, die bis zur Staatskrise führten. Dadurch wird vielleicht verständlich, daß ihn eine Frau von ganz besonderem Format zu fesseln vermochte: Anna Constantia von Brockdorff, zehn Jahre jünger als er, Tochter adliger Eltern aus Holstein, seit 1703 mit einem königlichen Vertrauten, dem Generalakzisedirektor Adolph Magnus von Hoym, unglücklich verheiratet. Schon die Umstände des Kennenlernens von August und Anna Constantia gestalteten sich dra-

Gräfin Cosel

matisch. Als am 7. Dezember 1704 das Hoymsche Haus, verursacht durch eine brennende Kerze, lichterloh in Flammen stand, hatte der Alarm Augusts Aufmerksamkeit erregt. Er sah in der Dresdner Kreuzgasse eine junge Frau, die energische Befehle sowohl zur Brandbekämpfung als auch zur Rettung kostbarer Gegenstände gab. Das fand seine Bewunderung. Er nahm sie in seiner Kutsche mit und gab dem Ehepaar vorübergehend Wohnung in dem ihm gehörenden »Fraumutterhaus« in derselben Straße. Die so oft von Historikern, Romanschriftstellern und in Filmen kolportierte Geschichte von der Wette um die Schönheit dieser Frau ist eine Legende.

Moritz von Sachsen.
Im gleichen Jahr wie der Kurprinz Friedrich August kam der Sohn Augusts des Starken mit Maria Aurora Gräfin von Königsmarck zur Welt.
Er schlug die militärische Laufbahn ein, diente mit 13 Jahren als General-Aide-Major unter dem sächsischen General
von der Schulenburg und wurde 1711 in den Reichsgrafenstand erhoben. 1720 trat er in französische Dienste, bewarb sich um das
Herzogtum Kurland, wo ihn die Stände 1726 zum Herzog wählten. 1744 wurde er zum Marschall von Frankreich ernannt.
Gemälde von Jean Marc Nattier, 1720. Staatliche Kunstsammlungen Dresden, Gemäldegalerie Alte Meister

Anna Constantia Freifrau von Hoym sollte die profilierteste Mätresse des Königs werden. Doch von einer solchen Stellung wollte sie eigentlich nichts wissen. Noch bevor Anna von ihrem Mann 1706 geschieden wurde, verlangte sie von ihrem königlichen Liebhaber ein schriftliches Eheversprechen des Inhalts, daß sie August als Ehefrau zur Linken erhob, ihr eine jährliche Pension von 100 000 Talern gewährte – fast so viel, wie der Königin zur Verfügung stand – und ihr weiterhin versprach, sie nach dem Tod der Christiane Eberhardine als Kurfürstin und Königin anzuerkennen sowie die gemeinsamen Kinder als Prinzen und Prinzessinnen zu legitimieren. August verlangte jedoch, dieses schriftliche Versprechen aus politischen Gründen streng geheimzuhalten. Nach-

Johann Georg, Chevalier de Saxe.
Als Sohn Augusts des Starken und der Gräfin Lubomirska 1700 geboren,
hatte er wie alle anderen anerkannten Kinder des Kurfürsten eine glanzvolle Karriere im gesellschaftlichen Leben vor sich.
Ab 1718 in Rom für den geistlichen Stand erzogen, ging er 1726 nach Malta, wo er in den Malteser-Orden aufgenommen wurde.
1728 kehrte er an den Hof seines Vaters zurück und trat in die Armee ein, an deren Reorganisation er sich maßgeblich beteiligte.
Gemälde von Louis de Silvestre, 1731. Staatliche Kunstsammlungen Dresden, Gemäldegalerie Alte Meister

dem der erste Sohn beider 1706 tot geboren worden war, empfing sie von August noch drei weitere Kinder, die am Leben blieben: zwei Töchter – 1708 Augusta Constantia und 1709 Friederike Alexandra – sowie 1712 einen Sohn Friedrich August. Die Geburt des Jungen fiel bereits in jene Zeit, in der der König die Lösung des Verhältnisses anstrebte.

Bei der Rückkehr nach Polen spielte man August II. eine neue Mätresse zu, die Tochter des Großmarschalls von Bielinski, Maria Magdalena Bielinska. Trotzdem vermochte es die seit 1706 zur Gräfin erhobene Anna Constantia von Cosel noch zu erreichen, daß ihr der König am 8. Juli 1712 ein offenes Dekret zur Sicherung ihres gesamten immobilen und mobilen Besitzes erteilte, das im Geheimen Kabinett hinterlegt wurde. Ein Jahr zuvor, während der Monate des Reichsvikariats Augusts II., das er wegen des Todes von Kaiser Joseph I. 1711 wahrzunehmen hatte, nutzte er diese Gelegenheit, seine Günstlinge Flemming, Vitzthum und Hoym in den Reichsgrafenstand zu erheben. Das gleiche versuchte August auch für Anna Constantia zu erreichen, und die mit ihr gezeugten Töchter wurden zu ehelich geborenen Gräfinnen erklärt.

Alle diese Tatsachen deuten auf eine Frau von besonderem Format: Sie pflegte und kleidete sich mit größter Sorgfalt, trug kostbarsten Schmuck, führte ein großes Haus sowohl im Taschenbergpalais als auch im Schloß Pillnitz, ausgestattet mit wertvollsten Möbeln, so daß sie dem König stets eine ebenbürtige Gastgeberin sein konnte. Sie vermochte gleichfalls Gespräche mit Geist und Verstand zu führen – vor allem auch über Politik –, wie sie leichte Unterhaltung mit Gesellschaftsspielen zu bieten in der Lage war. Hervorragende Fähigkeiten entwickelte sie in Geld- und Kreditgeschäften. Sächsische, ausländische und jüdische Bankiers gehörten zu ihren Partnern.

Letztendlich gefährlich wurden ihr jedoch die speziellen politischen Ambitionen und Intrigen. So war sie gegen die Fortführung des Krieges mit Schweden, mischte sich in polnische Angelegenheiten ein und opponierte gegen die Konversion des Kurprinzen. Aber eine »Mätressenwirtschaft«, wie unter Ludwig XV. von Frankreich, duldete August II. nicht! Die Versuche der Cosel, den König mit Drohungen an sich zu binden und ihn mit dem geheimen Ehevertrag zu erpressen, führten schließlich zum endgültigen Bruch – und am Weihnachtsabend 1716 auf die Burg Stolpen, wo sich die Tore für den Rest ihres Lebens hinter ihr schlossen.

Der »Sturz« der Cosel

Von den acht legitimierten Kindern erhielten die vier Söhne alle eine militärische Ausbildung. Der älteste – Moritz – leistete bereits als reichlich Zwanzigjähriger Kriegsdienst unter dem Prinzen Eugen und ging für einige Jahre nach Frankreich. Hinter seiner Bewerbung um das Herzogtum Kurland 1726 stand der Vater, doch scheiterte das Vorhaben am Widerstand der Polen und Russen. Bei einem Feldzug in Flandern 1741 bewies er solide militärische Fähigkeiten, ähnlich auch in seinem Buch »Mes rêveries« (Meine Träumereien), in dem er sich gegen Söldnerheere und für die Dienstpflicht der Landesbewohner aussprach sowie für die Verbesserung der Lage der Soldaten. Im Österreichischen Erbfolgekrieg erntete er auf französischer Seite größten militärischen Ruhm, der ihm den Titel »Marschall von Frankreich« und eine Jahrespension von 120 000 Livre einbrachte.

Der 1702 geborene Friedrich August wurde vom Vater 1724 zum Grafen von Rutowski erhoben und mit 26 Jahren in die brandenburg-preußische Armee gegeben, um dort militärische Erfahrungen zu sammeln. Aber schon nach einem Jahr erbat August die Rückkehr in den sächsischen Dienst, damit er für dessen Heeresreform wirken könne. Daß manche Erfahrungen aus dem brandenburgischen Heer in Sachsen übernommen wurden, soll den Preußenkönig Friedrich Wilhelm sehr erbost haben: »Die Canaille hat uns alles abgestohlen.«

Auch der als »Chevalier de Saxe« anerkannte Sohn der Gräfin Lubomirska übernahm nach der militärischen Ausbildung 1724 ein in der Niederlausitz stationiertes Dragonerregiment und brachte es bis zum Generalfeldmarschall.

Der Sohn der Gräfin Cosel, Friedrich August, wurde gleichfalls General der Kavallerie. Er ließ sich später ein herrliches Palais in Dresden an der Frauenkirche erbauen.

Von den Töchtern erfuhr die der Fatima die Erhebung zur Gräfin Rutowski; 1728 verheiratete August sie mit dem polnischen Grafen Michael von Bielinski, dem Bruder der Gräfin Bielinska. Die Cosel-Töchter bekamen den Bruch Augusts mit der Mutter kaum zu spüren. Sie wurden gleichfalls vorteilhaft verheiratet: Augusta Constantia 1725 mit dem Grafen von Friesen und Friederike Alexandra 1730 mit dem polnischen Kronschatzmeister Anton von Mosczynski. Beide Hochzeiten stattete August standesgemäß und damit prachtvoll aus. Sie erinnerten an frühere Festlichkeiten: Die erstere fand im Schloß Pillnitz, die zweite in Dresden statt. Die Bräute bekamen aus dem Vermögen der Mutter jeweils 100 000 Taler. Zu den Gästen dieser Hochzeitsfeiern zählte auch das Kurprinzenpaar. Da Friedrich August und seine Frau Maria Josepha ansonsten kaum familiäre Beziehungen zu den »Stiefgeschwistern« pflegten, ist anzunehmen, daß diese Teilnahme auf Wunsch des königlichen Vaters erfolgte.

Zur Lieblingstochter erkor sich August in den letzten Lebensjahren Anna Cathérina, die er zur Gräfin Orzelska erhob. Der höfische Klatsch und Wilhelmine von Brandenburg-Bayreuth, die Tochter Friedrich Wilhelm I. von Preußen und Lieblingsschwester des Kronprinzen Friedrich, dichteten den beiden Wettinern ein Liebesverhältnis an. August II. hatte Anna Cathérina 1728 gleich den anderen Töchtern mit an den Hof des Preußenkönigs nach Berlin genommen. Sie war sicherlich die einzige von den Kindern des Kurfürst-Königs, die ihm in seinen letzten Jahren wenigstens das Gefühl eines Familienlebens gab.

HOFSTAAT UND HOFADEL

*Absolutismuspolitik und Persönlichkeitsprägung gaben dem kursächsischen Hof in Dresden
an der Wende vom 17. zum 18. Jahrhundert seinen eigenen Charakter,
höfischer Aufwand diente in einem Ausmaß wie selten zuvor
einer öffentlichen Repräsentation
der kurfürstlichen
Macht.*

BEWUSST verknüpfte der Kurfürst-König bereits existierende Traditionen mit den Funktionen, die jeder Fürstenhof in der Spätphase der Adelsgesellschaft wahrzunehmen hatte. Der absolutistische Herrscher mußte die Macht gegenüber allen Klassen und Schichten – in erster Linie gegenüber seinen Untertanen: Bauern und Bürgern, Land- und Stadtbewohnern – ausüben und sichtbar machen, daß sie nur aus seiner alles überragenden Persönlichkeit resultierte. Deshalb gab sich August II. diesen Landsleuten nicht nur leutselig, sondern interessierte sich für ihre Arbeit und ihre Freizeit, bezog sie in seine Hoffeste ein, sprach mit ihnen unterwegs auf seinen Reisen oder anläßlich der Aufenthalte in Städten, beispielsweise in Leipzig, Freiberg und natürlich auch in Dresden selbst. Dieser Wettiner legte großen Wert auf Volksnähe und Volksverbundenheit. Sicher vermochten seine Untertanen nicht immer zu unterscheiden, was dabei echte Zuneigung oder politische Berechnung gewesen ist; denn Friedrich August war ein aufmerksamer Beobachter und guter Menschenkenner, selbst wenn er größere Mengen Wein genossen hatte. Doch beides – Zuneigung und Berechnung – spielte bei ihm eine große Rolle.

König und Volk

Fürst und Hof waren aber nicht nur die Inkarnation von Herrschaft gegenüber dem Volk, sondern vor allem auch gegenüber dem Adel. Verwirklichung des Absolutismus bedeutete notgedrungen, ihn in seinem eigenen Interesse zur Räson zu bringen, ihm zu beweisen, daß mit der gottähnlichen Stellung des Herrschers auch Macht und Würde des Adels gleichermaßen stiegen. Zunahme der Hofämter und Vermehrung der adligen Hofgesellschaft, Einbeziehung der Edelleute in die Armee und Verwaltung sowie Reduzierung der Adelsmacht in den Landständen bedeuteten Erhöhung und Festigung absolutistischer Fürsten- und Königsherrschaft.

Sich über den Dresdner Hof in der Zeit Augusts des Starken zu informieren ist auf verschiedene Weise möglich. Wählt man das »Neue Hoff Reglement vom 1. Juli 1701«, dann bietet dies eine »Specification der jährlichen Besoldungen und Gnadengelder, welche Kgl. Maj. von Pohlen und Churf. zu Sachßen« . . . »mit eigner hoher Hand gezeichnet . . .«.[27] Unter den Personen der engsten Umgebung des Kurfürst-Königs und in seiner ständigen Begleitung befanden sich vor allem Angehörige des Adels: der Oberhofmarschall (mit jährlich 4000 Talern), der Hofmar-

Das »Neue Hoff Reglement von 1701«

76

schall (mit 2000 Talern), zwölf Kammerherren (mit je 2000 Talern), vier Kammerjunker (mit je 1500 Talern) und ebensoviele Kammerpagen (mit je 150 Talern) – fast alle aus einheimischen sächsischen Adelsfamilien stammend –, dazu kamen noch der königliche Beichtvater (mit 600 Talern) und der Hofkaplan (mit 300 Talern). Außerdem wurden vier adlige Jagdpagen genannt (mit je 250 Talern). Insgesamt gehörten nach diesem Reglement über 460 Personen zur königlichen Hoffstadt. Die meisten Mitglieder trugen bürgerliche Namen. Sie zählten zu den unteren Diensten, wie Kammerdiener, Küchenpersonal, Gehilfen aller Art, aber auch Hoftrompeter, Jäger und die Janitscharengarde. Sie alle bekamen ein Jahresgehalt, das unter 100 Talern lag.

Als Gesamtsumme der jährlichen Besoldungen wurden 168 571 Taler genannt. Dazu kamen noch »extraordinaire Ausgaben« für die königliche Garde, für Präsente, Kutschen, Geschirr und Gebäude von insgesamt 131 428 Talern. Dieser »Haushalt« des Hofes, der jedoch keinesfalls mit den Gesamtausgaben von Herrscher, Hof und Regierung identisch war – sie exakt zu ermitteln dürfte fast unmöglich sein –, wurde von »Augustus Rex« eigenhändig unterschrieben und durch den damaligen Großkanzler Wolf Dietrich von Beichlingen gegengezeichnet. Ausgefertigt hatte dieses Reglement Wolfgang Heinrich Vesnich, der Geheimsekretär des Königs. Wenige Jahre später waren beide, sowohl der Großkanzler als auch der Geheimsekretär, wegen Unterschlagung ihrer Ämter enthoben, ja Beichlingen mußte die Zeit von 1703 bis 1709 auf der Festung Königstein verbringen – ein Beispiel dafür, daß die Tätigkeit bei Hofe von einem wechselvollen Schicksal für Höflinge und Beamte begleitet sein konnte.

Bei einem Vergleich des »Hoff Reglements« von 1701 mit der »Hoff-Ordnung Anno 1712«

ist festzustellen, daß die Zahl der Ämter und infolgedessen auch die der Personen – unter ihnen vor allem der Adligen – bedeutend zugenommen hatte.[28] Außerdem verrät die Reihenfolge in der Aufzählung der Ämter eine noch strengere Rangordnung. Zwei wichtige Posten waren zwar noch erwähnt, jedoch unbesetzt: das Amt des »Groß-Canzlers«, welches seit der Entmachtung Beichlingens vakant blieb, ferner das des Geheimen Ratsdirektors, weil dieses Amt durch die Bildung des Geheimen Kabinetts vorerst nicht mehr bestallt wurde. Die »Geheimen Räthe, So in würklicher Bestallung stehen,« folgten in dieser Hofordnung nach Oberhofmarschall Baron von Löwendal und Generalfeldmarschall von Flemming, wobei unter diesen »Würklichen Geheimen Räthen« – es gab außerdem noch »Titular-Geheime Räthe« – nun Heinrich Friedrich Freiherr von Friesen als »Canzler« an erster Stelle stand. In diesem Gremium besaß nur ein Mann bürgerlicher Herkunft Sitz und Stimme: der Tuchmacherssohn aus Weimar, Bernhard Zech, ein überzeugter und treuer Anhänger des Königs seit dessen Regierungsantritt.

Unter den 65 Kammerherren und ebensovielen Kammerjunkern befanden sich ausnahmslos Herren von Adel, die beim König, der Königin und der Mutter des Königs Dienst taten. Der allergrößte Teil kam aus einheimischen Adelsfamilien. Manche von ihnen hatten gleich mehrere Familienmitglieder in diesen einflußreichen Hofämtern untergebracht, beispielsweise die von Bose, von Bünau, von Carlowitz, von Eckstätt, von Haugwitz, von Miltitz, von Ponickau, von Schleinitz und von Schönberg.

Ein weiterer Unterschied zwischen dem »Hoff Reglement« und der »Hoff-Ordnung« bestand darin, daß in der Ordnung von 1712 nur die Amtsinhaber, jedoch nicht mehr die Bediensteten am Hofe verzeichnet wurden. Darüber gibt

Die »Hoff-Ordnung Anno 1712«

eine Aufstellung Auskunft, die in einer ganz anderen Akte enthalten ist und jene in der »Hoffstadt« Beschäftigten aufführt.[29] Hierher gehörten unter anderem der Medicus, die zwölf Silberpagen, Schreiber und Sekretäre, aber auch die zwölf Hoftrompeter und Pauker, die zwölf Lakaien sowie das gesamte Küchenpersonal samt der Kellerei, die mit 10 bis 50 Talern entlohnt wurden.

Gehälter und Einkommen

Geht man dieser »Acta Hofsachen« weiter nach, finden sich noch informative Angaben über die nun 1712 gültigen monatlichen Gehälter der »Minister und Hofkavaliere«. Danach erhielten der Oberhofmarschall, Geheime Rat und Kammerpräsident von Löwendal ein Monatssalär von 333 Talern und acht Groschen, der Oberkämmerer und Hofmarschall von Reibold von 434 Talern sowie der Reisemarschall von Seyffertitz, der zugleich als Kammerjunker im Dienst stand, ein solches von 66 Talern und acht Groschen. Den gleichen Betrag bekamen auch vier weitere genannte Kammerjunker, während die über ihnen im Rang stehenden 13 hier namentlich erwähnten Kammerherren je 100 Taler bezogen.

Eine exakte Vorstellung von der Kaufkraft dieser Gehälter zu vermitteln ist sehr schwer, weil notwendige Angaben für diese Gruppe des Hofadels bisher nicht zur Verfügung stehen. Dazu müßte man wissen, was sie für Essen, Trinken, Kleidung, Wohnung und andere Gegenstände des täglichen Bedarfs brauchten und bezahlen mußten. Da solche Angaben kaum existieren, bleiben nur relative Vergleiche, die eigentlich unzulängliche Maßstäbe vermitteln.

Ausgaben und Werte

Der Taler zahlte in Kursachsen 24 Groschen, ein Groschen hatte zwölf Pfennige. Ein Zimmerer oder ein Maurer erhielt beim Opernbau 1719 in Dresden täglich drei bis vier Groschen Lohn, Tagelöhner bekamen weniger. Johann Melchior Dinglinger berechnete dem König für seinen »Hofstaat zu Delhi am Geburtstag des Großmoguls Aureng-Zeb«, an dem er sieben Jahre – von 1701 bis 1708 – gearbeitet hatte, 19173 Taler für Silber, Gold und Edelsteine, 28000 Taler für sieben Jahre Arbeit und entstandene Kosten, 11312 Taler für Zinsen des dafür aufgenommenen Kapitals, was eine Gesamtsumme von 58485 Talern ausmachte. Ob er sie wirklich restlos erhielt, ist nicht zweifelsfrei zu ermitteln.

Der Verbraucher konnte für einen Taler ungefähr acht Pfund Rindfleisch kaufen. Während ein schlichtes Bürgerhaus für 2000 Taler erwerbbar war, mußte für ein repräsentatives Haus beispielsweise in der Neuen Königsstadt, das auch Adlige bewohnten, ungefähr 10000 Taler und mehr gezahlt werden. Augusts Leibbarbier Weiß, der dem König am Neujahrstag 1727 durch die Amputation der Zehe das Leben rettete, bekam dafür ein Gnadengeschenk von 12000 Talern. Ein Jahr später kaufte sich Weiß das Haus Hauptstraße 22 in der Neustadt für 10000 Taler von der Gräfin von Erbach. Im Kaufvertrag wurde vereinbart, daß der dort wohnende Oberkammerherr Graf von Friesen noch bis Ostern des folgenden Jahres im Haus bleiben durfte. Die zunehmende Gewohnheit auch adliger Familien, in Mietwohnungen zu leben, beweist, daß es sich Vertreter dieser Klasse in wachsendem Maße nicht mehr leisten konnten, Häuser für sich allein in Anspruch zu nehmen.

Vorzugsstellung der Rittergutsbesitzer

Ein Hofedelmann – ob nun Kammerherr, Kammerjunker oder Offizier der Garde – vermochte von seinem Gehalt kaum ein aufwendiges Leben am Hofe zu führen, denn für eine außergewöhnliche Hofkarriere mußte auch eine ausreichende materielle und finanzielle Grundlage vorhanden sein, die in den meisten Fällen nur der Besitz von einem oder mehreren Rittergütern garantierte. Das Rittergut brachte seinem Besitzer Geld- und Naturalabgaben, Zinsen und Dienste von Bauern und Handwerkern, Gerichtsrechte

Johann Melchior Dinglinger.
Der Hofjuwelier Augusts des Starken fertigte für die Kunstsammlungen seines Königs Kostbarkeiten und Kleinodien an,
wie das Bad der Diana, das er auf dem Bild in der Hand hält. Gold, Silber, Edelsteine, Perlen, Glas u. a.
waren die Materialien seiner bis heute bewunderten Goldschmiedearbeiten.
Kupferstich (Ausschnitt) von Johann Georg Wolffgang nach einem Gemälde von Antoine Pesne, 1722.
Staatliche Kunstsammlungen Dresden, Kupferstich-Kabinett

und andere Nutzungen. Ende des 17. Jahrhunderts erwarb beispielsweise der Oberstallmeister Augusts II. und Amthauptmann von Colditz, Hanß Gottlieb von Thielau, die Grundherrschaft Lampertswalde und Zauckritz. Er vergrößerte sie im Jahr 1702 durch drei Bauerngüter mit fünf Hufen und vermehrte damit den Anteil seiner Eigenwirtschaft merklich. Alle Arbeiten dieses gutsherrlichen Betriebes mußten Zwangsgesinde und Bauernuntertanen verrichten. In der Erntezeit arbeiteten auch vorübergehend Drescher mit. Bis 1741 leiteten Verwalter diesen Gutsbetrieb, danach Pächter. Der Herr Oberstallmeister konnte sich also, mit einer ausreichenden wirtschaftlichen und finanziellen Grundlage versehen, dem Hofdienst widmen. Es ist aus diesen Gründen nicht verwunderlich, daß es in der Regierungszeit Augusts II. einen schwunghaften Handel mit Rittergütern gab.

»Höherer« Adel

Die einflußreichsten Vertrauten Augusts des Starken, wie die Grafen Flemming, Beichlingen, Hoym oder auch Bose und der Erbmarschall der Landstände, Hans von Löser, nahmen neben den Adelsfamilien von Arnim, Carlowitz, Einsiedel, Friesen, Lüttichau, Nostitz, Trützschler und Zehmen die Stellung des höheren Adels in Kursachsen ein. Doch war für die Zugehörigkeit zu dieser Oberschicht nicht allein die Größe des Grundbesitzes maßgebend, sondern auch der politische Einfluß, den manche Adlige – oftmals

Aufmessung der Dresdner Vorstädte durch den Oberfeldmesser Hans August Nienborg im Auftrag des sächsischen Kurfürsten.
Diese Vorstädte wurden nicht nur von Ackerbürgern bewohnt,
die die Stadt und den Hof mit Nahrungsmitteln und handwerklichen Erzeugnissen belieferten. Manche Hofbeamte,
so auch der Vertraute Augusts des Starken in Finanzfragen, Geheimer Rat Zech, besaßen dort größere Wirtschaftshöfe,
die ihnen die Lebensgrundlage am Hofe sicherten.
Kolorierte Handzeichnung, um 1706. Staatsarchiv Dresden

nur für eine kürzere Zeit – im engen Umkreis des Landesherrn ausübten.

Die Masse der kursächsischen Rittergutsbesitzer gehörte zum niederen Adel. Die Durchschnittsgröße ihrer Güter lag zwischen 50 und 300 Hektar. Sie konzentrierten sich im Meißner, Leipziger und Kurkreis sowie in den Lausitzen. Unter diesen Adligen gab es auch zahlreiche, die mehrere Güter besaßen, so die von Ponickau, die von Bünau oder die von Planitz je sieben. Sechs nannten die von Bose ihr Eigentum, vier die von Schönberg, drei die von Lindenau, so daß eine scharfe Grenze zwischen der Adelsoberschicht und der Masse des Rittergutsadels zu ziehen kaum möglich ist. Die Mehrheit verfügte allerdings nur über ein Rittergut, zu dem durchschnittlich ein bis drei Dörfer gehörten.

»Niederer« Adel

»Hoff- und Staats-Calender« von 1728

Ähnlich wie Teile des Hochadels lehnte die Mehrheit des niederen Adels die absolutistische Politik Augusts ab, was sie jedoch nicht davon abhielt, sich selbst oder ihre Söhne in den Dienst des Hofes zu stellen.

Wachstum, höheren internationalen Stellenwert und Zunahme der politischen Macht des Dresdner Hofes verzeichnet einer der ersten gedruckten und veröffentlichten »Königl. Pohlnischen Churfürstl. Sächsischen Hoff- und Staats-Calender« für das Jahr 1728, »Worinnen der Königliche und Printzliche Hoff-Staat, Collegia und Militarwesen aufs accurateste beschrieben werden. Darbay zugleich alle Galla-Tage, Kirchen-Feste und alles was in letzten Jahren notables in Chur-Fürstl. Landen und bey Hoffe vorgegangen zu finden«[30]. An der Spitze des »Hoff-

Staats« werden die Ritter des »Königl. weißen Adler-Ordens« genannt, deren »Cheff« Ihre Königliche Majestät war. Im Herbst 1705 im polnischen Grodno in schwieriger politischer und militärischer Situation gestiftet – Anregung und Vorbild gab sicher die Gründung des Ordens vom Schwarzen Adler durch den Preußenkönig Friedrich I. 1701 –, nennt der Hof- und Staatskalender nach nunmehr über 20 Jahren fast 80 Ordensritter aus Sachsen, Polen, Rußland und dem Reich, die zugleich durch ihre Zugehörigkeit den Glanz des wettinischen Hofes weithin erstrahlen ließen.

Darüber hinaus füllen die Namen vornehmer Familien, die in den verschiedenen Hofchargen in Amt und Würden standen, viele Seiten dieses Staatshandbuches. Noch größer ist die Zahl sächsischer Adelsgeschlechter, die sich darin wiederfinden. Für die Vielgestaltigkeit und Buntheit des Hofpersonals zeugen aber auch die Namen der Mohren und Sklaven, der Künstler und Handwerker, der Wäscherinnen und Silber-Diener, der Kammerzwerge und Leibbarbiere, des Stall- und Forstpersonals sowie schließlich der vielen militärischen Ränge. Die ungeheure Ausweitung des Beamten-, Angestellten- und Dienstpersonals verdeutlichen Hunderte von Namen, die gleichzeitig beweisen, daß mit der Vergrößerung des Hofes auf die Mitarbeit – wenn auch in den untersten »Rängen« – vieler bürgerlicher und bäuerlicher Kräfte nicht verzichtet werden konnte, selbst nicht auf ein »Fräulein-Thürhüter«, die ein Mann war (Johann Wollick) und einen »Cammer-Mensch«, hinter dem sich die Jungfer Elisabeth Lakoffskin verbarg.

Der Hofdienst zu Dresden hatte in den über 30 Regierungsjahren Augusts II. eine bedeutsame Wandlung erfahren. Diese zeigte sich nicht nur in der erhöhten Zahl der Hofadligen und Bediensteten, sondern auch in der fortgeschrittenen »Spezialisierung« der Ämter und Berufe sowie in den dafür erforderlichen Voraussetzungen.

Pagen und Lakaien

So war beispielsweise die Ausbildung der Pagen erweitert und »fachspezifischer« gestaltet worden. Sprachmeister bildeten sie im Italienischen und Französischen aus, Fecht- und Tanzmeister schulten ihr Benehmen und ihre Bewegungen ebenso wie der »Maitre des Morals«. Sogar ein »Mathematikus« gehörte zu ihren Lehrern. Auf der königlichen Reitbahn lernten sie, zu Pferde zu sitzen und die edlen Tiere in jeder Situation zu beherrschen. Ein besonderer Pagen-Hofmeister trug für diese Ausbildung die Verantwortung. Am Hofe gemeinsam untergebracht, speisten sie auch an einer Tafel zusammen. Eine ähnliche, nur militärisch orientierte Ausbildung, die jedoch gleichfalls Unterricht in Sprachen, im Tanzen und Fechten umfaßte, genoß das Kadettenkorps. Da das Pagenamt und die Zugehörigkeit zum Korps der Kadetten adlige Herkunft erforderten – bürgerliche Kadetten waren noch eine seltene Ausnahme – und die Ausbildung in Adelskreisen in einem guten Ruf stand, brachten diese ihre Sprößlinge gern in der »Schule« unter, in der Hoffnung, ihnen damit eine vorteilhafte und aussichtsreiche Karriere zu ermöglichen. Die 22 Lakaien waren hingegen offensichtlich bürgerlicher Herkunft, wie aus ihren Familiennamen zu schließen ist. Ob ihre Ausbildung der der Pagen ähnelte, ist nicht überliefert.

Dienstpersonal des Oberhofmarschallamtes

Den einzelnen Amtsbereichen am Hofe unterstanden mehr oder weniger viele »Angestellte«. So gehörten zum Beispiel dem Oberhofmarschallamt nicht nur der Hof-Poet Johann Ulrich König oder der Hof-Medicus Dr. Christian Troppaneger und der Hof-Apotheker Johann Christoph Rexrath sowie der Reise-Hof-Apotheker Johann Abraham Kastner an, sondern auch die Bettmeister und Gärtner in den verschiedenen Schlössern und Palais, ferner Künstler wie

Erster Entwurf für die Kette und das Kleinod des polnischen Weißen Adler-Ordens.
Als August der Starke 1704 faktisch die polnische Königskrone verloren hatte, waren alle seine Anstrengungen
auf deren Wiedergewinnung gerichtet. Dazu bedurfte es wesentlich der Unterstützung des polnischen Adels.
Deshalb erneuerte August den bereits 1325 gestifteten Ritterorden vom Weißen Adler am 1. November 1705.
Augusts Goldschmied Dinglinger hat diesen Orden in großer Zahl immer wieder angefertigt.
Auf ausdrücklichen Wunsch seines Landesherrn entwarf er 1718 auch eine Ordenskette in drei Fassungen,
deren Zeichnungen noch überliefert sind. Zu einer Herstellung der Ordenskette scheint es nicht gekommen zu sein.
Bleistiftzeichnung von Johann Melchior Dinglinger.
Staatsarchiv Dresden

der Hof-Emailleur Georg Friedrich Dinglinger – der Bruder von Johann Melchior Dinglinger – oder der Kupferstecher Martin Bernigeroth, aber auch Handwerker, wie Buchbinder, Drechsler, Instrumentenmacher, Kupfer- und Messerschmiede, Schuhmacher und Täschner. Ebenso sind etliche Barbiere, Aufwärter, Heizer, Stubendiener und Schreiber verzeichnet.

Dem Kuchenmeister unterstand nicht allein die Hofküche, sondern zu seinem Bereich gehörten auch Einkäufer, Gärtner, Metzger, Schreiber, schließlich auch die Silberkammer, das Proviant- und Fischhaus sowie die Hof-Konditorei. Die sogenannten hofbefreiten Handwerker – Tischler, Maler, Schmiede, Gürtler und viele andere –

waren zwar für den Hof tätig, wohnten jedoch in der Residenzstadt, deren Vorstädten oder in anderen Gemeinden des Landes. Da sie im Dienst des Hofes arbeiteten, unterstanden sie nicht der Zunftgerechtigkeit. Wie viele Knechte, Mägde, Arbeiter und Tagelöhner außerdem noch Hofdienste zu leisten hatten, ist ungewiß. Über ihr Tun und ihre Lebensverhältnisse geben die schriftlichen Quellen keine Auskunft.

»Hofstaat« und »Hoffstadt«

Unter den Begriffen »Hofstaat« und »Hoffstadt« verstanden die Zeitgenossen offensichtlich verschiedenartige Erscheinungen. Einmal bezeichnete man mit »Hoffstadt«, was der Herrscher an Personen und Gegenständen mit sich führte, wenn er auf Reisen ging, zum Beispiel

Scherz- und Sinn-Gedichte.
Zum Hofstaat des Kurfürsten gehörte auch der Hof-Poet Johann Ulrich König,
der zu vielen Festlichkeiten Gedichte verfaßte, die,
in der Dresdner Hofbuchdruckerei gedruckt, der Nachwelt erhalten blieben.
Titelblatt der Druckschrift, 1721. Staatsarchiv Dresden

nach Polen, oder zu Besuchen fuhr, wie im Fall von 1728 nach Berlin. Andererseits wurde unter »Hofstaat« – wie eben in der Hofordnung von 1712 oder im Staatskalender 1728 – die Gesamtheit des kurfürstlich-königlichen Hofes in Dresden verstanden.

Wer nun meint, die Hofgesellschaft als eine dem König dienende und in seinem Sinn handelnde Gemeinschaft ansehen zu müssen, hat sich schwer getäuscht, denn das war sie weder politisch noch sozial, weder ideologisch noch religiös. Es gab keine politische Gemeinschaft am Dresdner Hof, die etwa einheitlich auf die Politik des Kurfürst-Königs eingeschworen gewesen wäre. Das bewiesen bereits die schon erwähnten spek-

takulären Entlassungen aus hohen Staatsämtern, wie sie Wolf Dietrich von Beichlingen oder auch dem Statthalter Fürst Egon von Fürstenberg widerfuhren. Beichlingen hatte seit 1697 als »Geldbeschaffer« des Königs einen kometenhaften Aufstieg genommen und den höchsten Rang nach dem Herrscher als Großkanzler erklommen. Für diesen Posten schien ihm jedes Mittel recht. Er veräußerte Landesteile, ließ minderwertiges Geld ausmünzen, die sogenannten roten Sechser oder Seufzer, und entwickelte eigenwillige außenpolitische Pläne. Dadurch kam er mit anderen engen Vertrauten Augusts, zum Beispiel mit dem Grafen Flemming, und schließlich mit dem König selbst in Konflikt, so daß Beichlingen

Beichlingens Politik und Sturz

Wolf Dietrich von Beichlingen.
Als einer der engsten Vertrauten des jungen Kurfürsten begleitete er ihn bei langen Aufenthalten in Polen
und leitete die Reisekanzlei. 1700 zum Reichsgrafen erhoben,
wurde er zum Obersten Kanzler ernannt und verband damit die Leitung der Geheimen Kammerkanzlei.
Damit hatte er praktisch das Amt einer Art Premierminister inne.
Gemälde (Ausschnitt) von François De la Croix, 1702.
Privatbesitz

und sein Anhang über Nacht verhaftet und auf den Königstein gebracht wurden. Untersuchungen durch eine Kommission hatten eigentlich einen Prozeß gegen ihn zum Ziel, doch – dieser fand nicht statt, denn er hätte des Königs eigene Regierungsmethoden verurteilen müssen.

Das »Portrait de la cour de Pologne« und andere Streitschriften aus der augusteischen Zeit, namentlich aus dem Regierungsjahrzehnt von 1700 bis 1710 – in der zeitgenössischen Sprache »Pasquille« genannt –, bewiesen mit eindrucksvollen Fakten, wie einzelne Personen, Adelsfraktionen und religiöse Gruppierungen für oder gegen die Politik des Königs agierten und dabei skrupellos alle Mittel anwandten. Diese Auseinandersetzungen kannten oft keine sozialen

Streit- und Schmähschriften

84

Grenzen. Adlige und Bürgerliche gingen gegen den Landesherrn vor, wie Angehörige aus beiden Klassen auch energisch für den König stritten. Als dieser sich auf die Rückkehr nach Polen vorzubereiten begann, beschloß er, die inneren Streitigkeiten zu unterdrücken. Der Herrscher brauchte jetzt Ruhe im Innern, um sich auf die neuen außenpolitischen Unternehmungen konzentrieren zu können. Deshalb verfügte ein königliches Mandat von 1707 an den Stadtrat von Leipzig – es erging auch an andere Stadträte im Land –, daß die »Ausstreu- und Publicirung allerhand famoser Schrifften und Pasquillen wider Hohe und Niedrige fast gemein, und selbe so gar an denen Ecken derer Gassen affigiret und in die Häuser geworfen« sowie öfters »fremde Zeitungen« in denen oft »unwahre Relationes« geschrieben wurden, zu verbieten sind. Diese Schriften wären »aufs schärfste [zu] inquiriren, und die Autores, da solche zu erlangen, nach Befinden zur gefänglichen Hafft [zu] bringen, und die Personen ohne Ansehen der Person hart zu strafen«[31]. Das »Portrait de la cour de Pologne« wurde ein knappes Jahr später auf dem Altmarkt zu Dresden öffentlich verbrannt.

Religiöse
Auseinander-
setzungenAus religiösen Gründen hatte sich der zum Katholizismus übergetretene und um Toleranz bemühte August II. viele protestantische Adlige und Geistliche zu Feinden gemacht. Die Konversion des Kurprinzen und seine Heirat 1719 sorgten dafür, daß immer häufiger Höflinge zum katholischen Glauben übertraten. Als 1726 ein protestantischer Geistlicher in Dresden von einem zum Katholizismus übergetretenen Mann ermordet wurde, mußten in der Residenz sogar militärische Sicherungsmaßnahmen ergriffen werden, um offene Tumulte zu vermeiden. Dies trug dazu bei, die Spaltung der Hofgesellschaft in verschiedene religiöse Lager zu vertiefen. Der König versuchte eine Beschwichtigung mit Hilfe

von Religionsversicherungsdekreten und konnte dadurch zwar beruhigend wirken, aber diese Spaltung nicht mehr rückgängig machen. Als seine Frau 1727 starb, mußte er feststellen, daß die Protestanten am Hofe und im Lande ihr demonstrativ nachtrauerten.

HofintrigenWo es solche vielseitigen und folgenschweren Auseinandersetzungen gab, gehörten Hofintrigen zu den täglichen Begleiterscheinungen. Deshalb wäre es ein aussichtsloses Unterfangen, etwa all diesen »unterirdischen Machenschaften« auf den Grund gehen zu wollen. Allein jene Kabalen um die Anna Constantia von Cosel zu entwirren würde ein Buch füllen. Da sie während ihrer Liaison mit dem König zumindest in Sachsen und am Hofe zu Dresden sowohl im politischen Geschehen als auch im gesellschaftlichen Leben über große Macht verfügte, konnten Intrigen nicht ausbleiben. Schon als sich beide 1704 kennenlernten, hatte die Gräfin von Reuß, eine geborene von Friesen und Freundin derer von Vitzthum, großes Interesse, die Freundschaft der Anna Constantia zu gewinnen. Außerdem war die Reuß auch mit dem Statthalter liiert, der ein ziemlich »subtil angelegtes und verschlagenes Naturel« besaß und »seine Meinung häufig wechselte«[32].

Mit der »Freundschaft« der Cosel konnte man zu dieser Zeit mehr Einfluß gewinnen und den Ehrgeiz, am Hof eine bevorzugte, einflußreiche und stets gut informierte Stellung einzunehmen, befriedigen. Wer wen in diesem Intrigenspiel benutzte, ist oft nicht klar auszumachen. Eine Zeitlang waren auch die Cosel und der Graf von Flemming miteinander befreundet, bis sich durch die politischen Eigenwilligkeiten der Mätresse und die veränderten Ambitionen des Königs das Verhältnis trübte. Danach trug der Graf entscheidend zu ihrem Sturz bei, vor allem seitdem er 1712 leitender Kabinettsminister geworden war und die übrigen Posten mit Personen seines Vertrauens besetzt hatte: von Manteuffel (Auswärtiges), von Wackerbarth (Militär), von Watzdorf (Inneres, Finanzen). Die damit verbundenen Hintergründe gedachte die Cosel dem König zu offenbaren. So sorgte sie letzten Endes selbst dafür, daß die Kabinettsminister jeder für sich und alle gemeinsam auf ihre Beseitigung hinarbeiteten, die dann der König nur noch zu befehlen brauchte. Ähnliche Intrigen haben auch den bisher nicht zweifelsfrei zu identifizierenden Autor des »Portrait de la cour de Pologne« samt seinem »Pasquill« vernichtet. Er gehörte wohl zu den Gefangenen auf dem Königstein, und seine Schrift wurde verbrannt.

August II. wußte offensichtlich von vielen Intrigen an seinem Hofe. Manchmal erfuhr er auch erst eine Zeit danach von solchen hinterhältigen Machenschaften, wie zum Beispiel im Fall des Hans Adam von Schöning, den die Intrigen des sächsischen Hofadels in das kaiserlich-österreichische Staatsgefängnis gebracht hatten, woraus ihn der zum Kurfürst gewordene Friedrich August wieder nach Dresden zurückholen ließ. Die intime Kenntnis von den Hofintrigen veranlaßte ihn als König zu jener Feststellung in seinem »Politischen Testament«, daß man sich vor Schmeichlern und Lügnern hüten und viele Spione einsetzen sollte, um prüfen zu können, ob einem die Männer der eigenen Umgebung auch die Wahrheit sagten.

Kammerdiener Georg Spiegel Georg Spiegel, der schon genannte Kammerdiener Augusts, galt als unbedingt zuverlässig.

Hofnarr und Taschenspieler Fröhlich und »Postmeister« Schmiedel.
Fröhlich, als Kurfürstlich-Königlicher Hoftaschenspieler und »kurzweiliger Rat« angestellt,
karikierte treffend die Hofgesellschaft, manchmal zusammen mit Schmiedel, und brachte es am sächsischen Hofe zu großer Berühmtheit.
Johann Joachim Kändler modellierte beide in Meißner Porzellan. Er betitelte die Gruppe:
»Nr. 3 Joseph Fröhlich mit einer Mäuse-Falle und Mr Schmiedel mit einer Eule, in Händen haltend und gegen einander stehend.«
Porzellan mit Schmelzfarbenmalerei, 1741.
Staatliche Kunstsammlungen Dresden, Porzellansammlung

Der Wagen der Gräfin Cosel mit König Friedrich IV. von Dänemark
als Wagenlenker sowie August dem Starken und Kammerjunker von Holtzenbrink als Vorreiter.
Anna Constantia Gräfin Cosel glänzte besonders bei den Festen des Jahres 1709.
Kupferstich von Johann Georg Wolffgang nach einem Gemälde von Johann Samuel Mock, 1718.
Staatsarchiv Dresden

Deshalb wurde er auch in verschiedenen Missionen ins Ausland – beispielsweise nach Frankreich – geschickt. Der König dankte ihm seine Dienste, wie die »Scheinehe« mit seiner Mätresse Fatima, beförderte ihn zum Obristleutnant und erhob ihn in den Adelsstand.

Die beiden königlichen Diener Fischer und Lange vermochten dagegen den Bestechungen des Geheimen Kabinettsministers Graf von Pflugk nicht zu widerstehen, denn dieser suchte sich »mit größter Sorgfalt« darüber zu unterrichten, »was mit dem König gesprochen worden ist, aus Furcht, daß man seine Schwächen aufdecken könnte«[33].

Hofintrige und Hofklatsch waren Geschwister, die an europäischen Fürstenhöfen ständig gemeinsam auftraten. Während sich die Intrigen wie feingesponnene Netze um die jeweiligen Opfer wanden, war der Hofklatsch eine gleichsam der Unterhaltung dienende Börse von Neuigkeiten, an der sich jeder – ob im Rang hoch oder niedrig – mit eigenen Aktien beteiligen konnte. Dabei vollzog sich ihr Umlauf in einem dermaßen schnellen Tempo, daß weder die Zimmerwände im Schloß noch die Grenzen des Landes ernsthafte Hindernisse für ihre Verbreitung bildeten. Von der Geburt des illegitimen Sohnes Moritz in Goslar im Oktober 1696, gleich nach der des ehelichen Sohnes Friedrich August, erfuhr man schon kurze Zeit danach nicht nur in Dresden, sondern auch in Paris und Versailles, denn Liselotte von der Pfalz schrieb bald darauf, daß Kurfürst Friedrich August »also auff einmahl zwey söhne daher gesetzt« bekam, was um so verwunderlicher wäre, als man lange Zeit geglaubt hätte, daß er keine Kinder zeugen könne.

Hofklatsch

Friedrich August von Rutowski im Alter von 22 Jahren.
Der 1702 als Sohn Augusts des Starken und der Türkin Fatima geborene August wuchs in Frankreich auf, erlernte das Kriegshandwerk
von Kindheit an und diente unter anderem auch in der preußischen Armee unter König Friedrich Wilhelm I.
1738 stiftete er die erste Freimaurerloge in Dresden. Er starb als Generalfeldmarschall,
Chef der Artillerie in der sächsischen Armee und Gouverneur von Dresden im Jahre 1764.
Gemälde von Louis de Silvestre, 1724.
Staatliche Kunstsammlungen Dresden, Gemäldegalerie Alte Meister.

Anna Cathérina von Orczelska, Herzogin von Holstein.
Sie wurde 1707 als Tochter Augusts des Starken und der französischen Tänzerin Henriette Rénard in Dresden geboren.
Pastellgemälde von Rosalba Carriera.
Staatliche Kunstsammlungen Dresden, Gemäldegalerie Alte Meister

Auch das Verhältnis Augusts zur Gräfin Cosel gab Veranlassung für viele Hofklatschgeschichten. Es wurde bereits erwähnt, daß sich beide während des Brandes im Palais Hoym kennenlernten. Als Produkt des Hofklatsches muß deshalb die angebliche Wette um die Schönheit der Gräfin bezeichnet werden, die ihr »Chronist«, Karl Freiherr von Pöllnitz, der erst 1729 die Residenz Dresden besuchte, so »überzeugend« festhielt, daß selbst quellenkritisch arbeitende

Gräfin Cosel und die angebliche Wette

Historiker – ganz abgesehen von Romanschriftstellern – sie als tatsächliches Geschehen einem interessierten Leserpublikum vermittelten. Kein Wunder, von Pöllnitz beschrieb sie so, wie auch viele andere Geschichtchen in seinem Buch »La Saxe galante« (1735 in Amsterdam erschienen), als sei er dabeigewesen: »In einer von diesen Gesellschafften, da lauter Manns-Personen beysammen waren. fiele einmal ein Gespräche von Maitressen vor. Ein jeder erhub die seinige, und erzehlte Wunder von ihr. Der Herr von Hoymb, ein Cabinetts-Minister und Geheimder Rath, der sich mit in dieser Gesellschafft befand, sagte, er hätte gar keine Maitresse; wohl aber eine Gemahlin, die er so zärtlich als eine Maitresse liebete, und welche hundertmal schöner wäre, als alle diejenige, von denen man hier so viel Aufhebens gemacht hätte.. Weil ihm der Wein den Kopff hitzig gemacht hatte, machte er von seiner Gemahlin eine so umständliche Abschilderung, als der beste Mahler nicht vermacht haben würde. Der König, der wohl wuste, daß er blos aus Eifersucht seine Gemahlin das Land hüten ließ, sagte zum, er könte gar nicht glauben, daß alles wahr wäre, was er hier erzehlt habe; er rede hier als ein Mann, der, weil er erst drey Jahr im Ehestand lebete, noch in seine Gemahlin verliebt wäre, und wenn die Madame von Hoym so schön und so vollkommen wäre, als wie er sage, würde sie unfehlbar mehr Aufsehen in der Welt gemacht haben. Der Fürst von Fürstenberg behauptete eben dieses, und fügte noch hinzu, er wolle tausend Dukaten darauf verwetten, daß die Madame von Hoym, wenn sie am Hof erschiene, nicht also befunden werden würde, wie sie ihr Gemahl beschrieben hätte. Der Herr von Hoymb gieng die Wette ein. und der König erbot sich den Ausschlag zu geben. Man nöthigte demnach den von Hoym an seine Gemahlin zu schreiben, daß sie sich ohne Verzug nach Dresden verfügen sollte.«[34]

Der Autor der Geschichte, Freiherr von Pöllnitz, hatte sich als Höfling, Abenteurer und Schriftsteller an vielen europäischen Residenzen aufgehalten. Er wechselte mehrfach die Religionszugehörigkeit; 1735 soll er sogar sächsischer Spion in Berlin gewesen sein; fünf Jahre später ließ er sich von Friedrich II. als »Vorleser« und Oberzeremonienmeister anstellen. Doch der Preußenkönig konnte ihn auch nicht so recht ernst nehmen, weshalb Pöllnitz öfters zum Gegenstand königlichen Spottes wurde.

Für den Hofklatsch waren weder Personen noch Themen tabu. Von der Mutter des Königs sagte man unverblümt, daß sie sich häufig besoff. Den beiden Geschwistern Rutowski dichtete der Klatsch sexuelle Beziehungen an, ja sogar von August selbst hieß es, daß er mit seiner Tochter, der Gräfin Orczelska, mehrfach geschlafen hätte. Wilhelmine Friederike Sophie von Preußen, die Tochter Friedrich Wilhelms und Schwester Friedrichs II., schrieb sogar über ihren Patenonkel August II.: »Der Hof zu Dresden war damals der glänzendste Deutschlands. Die Pracht war hier bis aufs äußerste getrieben, und man frönte allen Genüssen, mit Recht dürfte er mit der Insel Cythere verglichen werden: die Damen waren sehr liebenswert und die Herren sehr galant. Der König hielt eine Art von Serail, das aus den schönsten Frauen seines Landes bestand. Als er starb, schätzte man die Zahl der Kinder, welche er von seinen Mätressen hatte, auf 354.«[35]

REPRÄSENTATION UND FESTKULTUR

*Politische Auseinandersetzungen und Intrigen am Hofe Augusts II. lassen verständlich
erscheinen, daß der König ein alles verbindendes Phänomen benötigte, um seine
überragende Macht und Prachtentfaltung zu demonstrieren.
Deshalb führte er die Festtraditionen
seiner Vorfahren zu höchster
Vollendung.*

WÄHREND Augusts Herrschaft fanden die ersten Karnevalsfestlichkeiten im Februar 1695 statt. Der »Götteraufzug« – in elf Gruppen eingeteilt – reichte vom Wagen des obersten Gottes Jupiter bis zu jenem der Laverna, der Göttin der Diebe, den mit Einbrecherwerkzeugen ausgerüstete Spitzbuben zogen. Friedrich August erschien als Merkur – also nicht als Haupt der Götter, sondern als Götterbote. Seine damalige Mätresse, Aurora von Königsmarck, war in Anspielung auf ihren Vornamen als Göttin der Morgenröte mit von der Partie. Weitere Fastnachtsvergnügen boten Damenringrennen, bei denen die in kostbar geschmückten Wagen sitzenden Hofdamen von Höflingen kutschiert und adligen Läufern begleitet wurden. Einem Pferdeballett gleich, entstanden dabei verschiedene Figuren, dann mußte einer von ihnen mit Lanzen nach Ringen stechen. Hier schien für den Fürsten das pure Vergnügen noch ausschlaggebend gewesen zu sein.

Ob in dem karnevalistischen Festaufzug vom 3. Februar 1697 die Verkleidung Friedrich Augusts als Alexander der Große bereits eine Anspielung auf künftige politische Ziele offenbarte, könnte mindestens für Eingeweihte zu Vermu-

Karnevals-vergnügen

tungen Anlaß gegeben haben. Denn Alexander, der als junger Mann von 22 Jahren den Hellespont überschritt, um mit seiner Armee eine Welt zu erobern, mochte für den nur wenig älteren Wettiner schon ein Vorbild sein, wenn man bedenkt, daß sich Friedrich August zu diesem Zeitpunkt entschlossen hatte, als Kandidat für den polnischen Königsthron anzutreten. Davon berichtete das Hof-Journal für Februar natürlich noch nichts, sondern von zahlreichen Festen: von einer »Quadrille« im Amphitheater – dem Vorgängerbau des Zwingers –, von einer »Wirttschafft«, einem »Ballet von Dames« sowie von mehreren »Redouten«. Erst am 24. Juni 1697 verzeichnete dieser Hofkalender die Erhebung Friedrich Augusts zum König von Polen, die mit kirchlichen Feierlichkeiten und Kanonenschüssen am Hofe zu Dresden ihren Widerhall fand.[36]

In den folgenden Jahren kümmerte sich der Kurfürst-König immer intensiver um die Gestaltung seiner Hoffeste. Selbst aus der Zeit, da er und sein Land sich infolge des Krieges mit Karl XII. in großen Nöten befanden, sind eigenhändige Aufzeichnungen für Festprogramme überliefert, die jedoch aus naheliegenden Gründen kaum aufgeführt wurden.[37]

Dritte Quadrille mit Amtshauptmann Hanß Gottlieb von Thielau,
Oberstallmeister Augusts des Starken, im Kostüm eines russischen Bojaren,
bezeichnet als »Ein Moscowiter«, zum Karussellfest 1697. Auch die ihn begleitenden Personen
der Hofgesellschaft sind in das Habit von Angehörigen des Zarenhofes gekleidet.
Die Festlichkeiten anläßlich der Krönung von Friedrich August zum polnischen König
bildeten einen ersten Höhepunkt barocker Festkultur in Dresden.
Gouachemalerei eines unbekannten Künstlers, 1697.
Staatliche Kunstsammlungen Dresden, Kupferstich-Kabinett

Das Wechselspiel zwischen Politik und Festlichkeit zeigte sich deutlich im Mai/Juni 1709 beim Besuch des Dänenkönigs Friedrich IV. in Dresden. Bereits auf dem Sprung, wieder als König nach Polen zurückzukehren und seinen dänischen Vetter als Bundesgenossen zu gewinnen, konzipierte August ein Festprogramm, das sowohl die Traditionen bemühte als auch Optimismus für günstige Unternehmungen stimulieren sollte. Nachdem der königliche Vetter in den »dähnischen Räumen« des Schlosses Gastquartier bezogen hatte, wurde ihm zuerst eine Darbietung gezeigt, die jener ähnelte, die 1663 zur Verlobung der Eltern Friedrich Augusts in Kopenhagen aufgeführt worden war. Damit erfolgte die Anspielung auf die enge Verwandtschaft beider Könige. Mit der Einbeziehung der Residenzstadt, der Elbe und der Umgebung, mit Jagden, Schießen, Bauernwirtschaften und mit Höhepunkten, wie dem Damenringrennen von 24 Triumphwagen und einem Prachtfeuerwerk, forderte der Wettiner die Bewunderung des Dänen heraus. Dabei konnte es wohl kein Zufall sein, daß die Gräfin Cosel ausgerechnet die Farbe der Rose erloste, als ihr Wagenlenker der dänische König und als einer ihrer Kavaliere jedoch August selbst antraten.

Besuch des dänischen Königs

Der gemeinsame Besuch beider Könige beim brandenburgischen Nachbarn und Namensvetter – alle drei riefen sich Friedrich – vermochte

Besuch beider Könige in Berlin

Darstellung des Feuerwerks auf der Elbe zu Ehren von König Friedrich IV. von Dänemark am 6. Juni 1709.
Das Damenfest, das Fußturnier, das Karussell der vier Erdteile, der Götteraufzug mit Nachtring- und Quintanrennen,
die Bauernwirtschaft mit acht Nationen, das Vogelschießen und das Nachtschießen bildeten während des mehrwöchigen Aufenthaltes
des dänischen Königs in Dresden den äußeren Rahmen für ernsthafte politische Verhandlungen.
Dabei wurde auch das bis dahin größte Feuerwerk in der Stadt abgebrannt.
Den Pavillon auf der Elbe, der die Initialen des Dänenkönigs trug, hatte Pöppelmann entworfen und gebaut.
An der rechten Seite ist die Jungfernbastei zu sehen, in der Böttger die Porzellanherstellung gelang.
Kupferstich von Moritz Bodenehr, 1709. Staatsarchiv Dresden

zwar das politische Ziel nicht zu erreichen, auch den Preußenkönig als Bundesgenossen im Krieg zu gewinnen, weil dieser sich noch vorsichtig zurückhielt. Dafür nahmen sie aber an der mit großem Pomp aufgezogenen Tauffeierlichkeit für Wilhelmine Friederike Sophie von Preußen teil.

Die verschiedenen und häufigen Feste Augusts II. gaben oft Anlaß zu Vorwürfen über Verschwendung von Geld und Gut, wie sie nicht nur manche Zeitgenossen, sondern auch nachfolgende Historiker-Generationen erhoben haben. Doch Pracht und Luxus – nicht nur in den Festen verkörpert – waren Bestandteil absolutistischer Politik und gehörten in den historischen Zusammenhang der Übergangsepoche vom feudalen

Festkultur als Bestand der Politik

zum bürgerlichen Zeitalter und den damit verbundenen gesellschaftlichen Gegensätzen. Denn der Absolutismus stellte den Versuch dar, die Feudalherrschaft den veränderten Bedingungen anzupassen, die sich durch wachsende Macht der Stände, insbesondere des Adels und des Bürgertums, sowie die Entwicklung der Rittergutswirtschaft und des Handels- und Manufakturkapitals ergeben hatten. Die Förderung von Kunst und Kultur durch die Herrschenden, ihre Demonstration von Pracht und Luxus wurden zu Machtfaktoren absolutistischer Politik vor allem dann, wenn der Landesherr diese bewußt und geschickt gegenüber Klassen und Schichten einzusetzen verstand.

Von der Persönlichkeit des Herrschers hing aber auch wesentlich ab, wie weit sich Pracht und Luxus zu entfalten vermochten. Während der Preußenkönig Friedrich Wilhelm I. alles verfügbare Geld und große materielle Werte in das Militär steckte, verwandte August von Sachsen seine Mittel für den Hof, die Feste, die Bauten und die Sammlungen. Deshalb sagte August zu seinem königlichen Gast 1730: »Wenn Ew. Majestät einen Dukaten einnehmen, so legen sie ihn zu seinem Schatz, ich aber gebe ihn aus, so kehrt er dreimal zu mir zurück.«[38] Der Kurfürst entwickelte die kursächsische Festtradition weiter und schuf hier persönlich neue Akzente und Elemente, die im engsten Zusammenhang mit seinen jeweiligen Zwecken und Zielen absoluti-

September-Blatt des Karnevalskalenders von 1721.
Für die Karnevalsveranstaltungen wurde eigens ein zwölf Blatt umfassender Kalender gedruckt,
der in Karikaturen und Spottgedichten Personen und Zustände am Dresdner Hof in anonymer Form ironisierend darstellte.
Den September zierte eine vermutlich auf einen Hofarzt: »Doctor Marcolphus Quacksalber,
Approbirter Zahnbrecher und Wurm-Hencker« gemünzte Karikatur.
Anonymer Kupferstich, 1721. Staatsarchiv Dresden

Partitur des Violinkonzertes d-moll von Antonio Vivaldi.
Zu den Mitgliedern der Dresdner Hofkapelle,
die den Kurprinzen Friedrich August auf dessen Reise nach Venedig 1716/1717 begleiteten,
gehörte auch der Geigenvirtuose Johann Georg Pisendel.
In Venedig trat er in enge Beziehung zu dem bedeutenden Violinisten Antonio Vivaldi,
der ihm mehrere Sonaten und Konzerte widmete und ihm zum Teil deren Notenhandschrift übereignete.
Autographe Partitur. Sächsische Landesbibliothek, Dresden

stischer Politik standen. Er wendete dafür große finanzielle und materielle Mittel zielgerichtet auf. Es war seine erklärte Absicht, feudale Kultur und Lebensweise einem Höhepunkt zuzuführen, wobei jeder Vergleich mit anderen Fürstenhöfen im damaligen Deutschland zugunsten Sachsens ausfallen sollte.

Schwierig ist es, aus der Vielzahl des Quellenmaterials jene Belege herauszufiltern, die eine genaue Aufstellung der Kosten für die Hoffestlichkeiten ermöglichen. Für ein »normales Jahr« – 1712 –, das in Dresden keine außergewöhnlichen Feste aufwies, gab eine Akte 25000 Taler an, »so zur Unterhaltung Unseres Königl. Pohln. und Churfürstl. Sächß. Hofes Etats monatlich aus Unser Rent-Cämmerei eingehen und von

Aktenkundige Ausgaben für Festlichkeiten

Unseres Hofes Casses folgendermaßen wieder auszugeben sind«. Außer den finanziellen Zuwendungen für Hofadlige und Bediente wurde eine monatliche Summe von 4587 Talern 17 Groschen und achteinhalb Pfennigen genannt, die für »Maskeraden, Kleider, weiße Wäsche, Spitzen, Bettgewänder . . . und anderer vielfältigem Garderobe Bedürfnüßen« Verwendung finden sollten, aber auch »etwas bey angestellten Lustbarkeiten als Commoedien, Redouten, Jagden, Büchsen und Armbrust Schießen, Ring Rennen, Caroussellen und was diesen allen anhängig ferner noch vor erhandelter Medaillen, Schildereyen, Inventionen, auch etwas ins grüner Gewölbe, Cabinet aufm Stall und Kunst Cammer, und weißes Tafel Zeug angeschaffet wird, desgleichen vor benöthigter Praesente vor gesande fremder und eigener Ministros und Cavalliers, auch zu Gevatterschafften . . .«[39].

Eine weitere spezifizierte Aufstellung enthielt folgende Angaben:

>»No 1 Orchestra   17 050 Taler
> No 2 Italienische Oper   37 800 Taler
> No 3 Tänzer und
>   Tänzerinnen   10 100 Taler
> No 4 Französische Comoedia 12 500 Taler
> No 5 Französische Sänger   2 300 Taler«[40]

Im Orchester bezogen der Oberkapellmeister Johann Christoph Schmiedt, der Kapellmeister

Vorbereitungen zur Hochzeitsfeier des Kurprinzenpaares

Johann David Heinrich und der Konzertmeister Baptist Woulmyer sowie der Kompositeur Veracini je 1200 Taler, während die Musiker zwischen 200 und 500 Taler verdienten. Selbst bei Berücksichtigung der Lückenhaftigkeit dieser Angaben und späterer Übertreibungen muß jedoch festgestellt werden, daß die finanziellen Ausgaben für den Hof und seine Feste nicht etwa allein aus landesherrlicher Willkür erfolgten, ganz zu schweigen von den oft genannten »unvorstellbar hohen Geldsummen«, die ohne Überlegung ausgegeben worden sein sollten.

Für ein so herausragendes Fest wie die Hochzeit des Kurprinzen Friedrich August mit der

Vue laterale du grand Theatre roial, avec les Loges et le Parterre.

Seitenansicht des großen Opernhauses mit den Logen und dem Parterre am Zwinger in Dresden.
Der am 1. September 1718 unter Leitung von Pöppelmann begonnene Neubau konnte nur unter größten Schwierigkeiten
bis zum Beginn der Vermahlungsfeierlichkeiten im September 1719 beendet werden.
Das von der Bühne aus etwas aufsteigende Parkett, die seitlich am Parkett ansteigenden Sitzreihen
und die drei umlaufenden Ränge ergaben 2000 Plätze; es war das zu diesem Zeitpunkt größte Theater in Deutschland.
Federzeichnung von Carl Heinrich Fehling, nach 1719. Staatliche Kunstsammlungen Dresden, Kupferstich-Kabinett

österreichischen Kaisertochter Maria Josepha, die bereits in Wien vollzogen worden war und deren Zeremoniell August in Dresden zu wiederholen gedachte, waren nicht nur außergewöhnliche Ausgaben, sondern auch das besondere Engagement des Königs erforderlich. August II. betrachtete das Ehebündnis als großen Erfolg seiner Politik. Denn dadurch gestalteten sich die

Verbindungen zwischen dem Kaiserhaus und dem Kurfürst-König der sächsisch-polnischen Union durch Familienbeziehungen entschieden enger als vorher; damit fand eine Erhöhung des Dresdner Hofes in der Rangordnung der deutschen Fürstenhöfe wie nie zuvor statt.

Nicht verwunderlich also, wenn bereits Monate vor diesem Ereignis die vom König persönlich geleiteten umfassenden Vorbereitungen begannen. Bereits 1717 erwarb August vom Grafen von Flemming das Holländische Palais, um es in die künftigen Festlichkeiten einbeziehen zu können, bei denen unter anderem auch die Elbe eine große Rolle spielen sollte. Im Zwinger wurden die Pavillons auf der Stadtseite fertiggestellt und elbseitig hölzerne Tribünen mit einer Mittelloge aufgebaut. In unmittelbarer Nähe des Zwingers entstand nicht ohne Schwierigkeiten und Termindruck das Opernhaus, dessen prachtvolle Innenausstattung die aus Venedig herbeigeholten Brüder Allessandro und Girolamo Mauro vornahmen. Dem Türkischen Palais mußte Matthäus Daniel Pöppelmann eine doppelläufige Freitreppe ansetzen. Im Großen Garten wurde

von Johann Friedrich Karcher vor dem Palais ein Teich angelegt, damit verlieh er der ganzen Anlage noch mehr Großzügigkeit. Merkwürdigerweise ist Schloß Pillnitz nicht in die Festlichkeiten einbezogen worden, um so mehr dafür das Schloß Moritzburg.

Die umfangreichen Bestände der schriftlichen Quellen im Oberhofmarschallamt – aber auch in noch anderen Akten – vermitteln den Eindruck eines gewissermaßen »generalstabsmäßigen Herangehens« an die vielen Vorbereitungen und die minuziöse Durchführung der gesamten Feierlichkeiten. Sie sollten immerhin den ganzen Monat September 1719 in Anspruch nehmen. Bereits fünf Monate zuvor gab der König eigenhändig Anweisungen für die »Einrichtung des Königl.

Die Skizze des Opernhauses mit der Einteilung der Logen und des Zuschauerraumes zum Karneval 1725.
Der im Oberhofmarschallamt entstandene Plan verdeutlicht einerseits die exakte Vorbereitung eines jeden Hoffestes;
andererseits wird darin auch nachweislich die Einbeziehung des Dresdner Bürgertums in die Hoffestlichkeiten erkennbar,
indem die Plätze in den umlaufenden Seitenrängen die Bezeichnung »Aus der Stadt« aufweisen.
Tuschzeichnung, 1725. Staatsarchiv Dresden

Tedeum in der Schloßkapelle zur Hochzeitsnachfeier des kurprinzlichen Paares in Dresden.
Die Vermählung der Kaisertochter mit dem Sohn Augusts des Starken bedeutete einen großen Erfolg für die sächsische Diplomatie.
Die dynastische Verbindung festigte die Beziehung zum Kaiserhaus und brachte eine gewisse Garantie für Kursachsen
gegenüber dem nördlichen Nachbarn Brandenburg-Preußen.
Kupferstich aus dem Prachtwerk über die Hoffeste zu Dresden im Jahre 1719.
Institut für Denkmalpflege, Dresden

Printzens und deroselben Gemahlin Hoheiten Hoffstadt« an den Oberhofmarschall von Löwendal, den Generalfeldmarschall von Flemming und mehrere Kabinettsminister, die mit genauen Angaben für den Verwendungszweck und dafür spezifizierte Haushaltsposten mit einer Gesamtsumme von 125 000 Talern versehen wurden.[41] Ebenso mußten auf königlichen Befehl hin Häuser und Zimmer renoviert und mit Möbeln und Fenstervorhängen ausgestattet werden, um die vielen zu erwartenden Gäste überhaupt unterbringen zu können.

Beeindruckend erscheint die Übersicht zu den verschiedenen Festlichkeiten an den einzelnen Tagen, welche die Art des Festes, den dafür vorgesehenen Raum, den Ort für die Tafel, an der zu speisen beabsichtigt war, eventuelle Hauptproben für die Darbietungen und die verantwortlichen Institutionen oder Personen nannte. Danach gab es an jedem Tag verschiedene Ver-

Tables, auxquelles ont soupé les Societés des Nations, dans les Sales de l'Orangerie, chaque nation ayant sa Table.

Abendtafeln bei dem Jahrmarkt des Festes der Nationen in einem Eckpavillon des Zwingers
am 20. September 1719. Kupferstich aus dem Prachtwerk über die Hoffeste zu Dresden im Jahre 1719.
Institut für Denkmalpflege, Dresden

anstaltungen: im Schloß, in der Oper, im Komödienhaus, im Zwinger, auf der Stallbahn, auf dem Altmarkt, auf den Elbwiesen, im (Holländischen) Palais in Altendresden, im Großen Garten und im Plauenschen Grund. Sogar ein »Ruhetag« war am Sonnabend, dem 16. September, vorgesehen, aber selbst da konnte noch ein »Damen Ballet« besucht werden.

Die Hauptverantwortlichkeit für alle Veranstaltungen zu den Festwochen lag beim Oberhofmarschallamt, am häufigsten bei Baron Sigismund von Mordax, der 1709 als Sächsischer »Hof Directeur des Plaisirs« bestallt worden war.

Noch eine Woche vor Beginn der Festlichkeiten stellte eine »Resolution« aus dem Geheimen Kabinett Fragen, die offenbar mit dem König geklärt werden mußten. Sie betrafen die Ankunft der Prinzessin Maria Josepha auf sächsischem Boden: Sollte sie mittags oder abends ankommen? Würde sie mit dem Pferd von der Grenze bis Pirna reiten oder mit der Kutsche fahren? Wie weit mußte ihr der Prinz Friedrich August, der ihr nach Dresden vorausgeeilt war, entgegenkommen? Sollte sie in Pirna allein speisen oder müßten mehrere Tafeln angerichtet werden? Was für ein Bett sollte für sie bereitet werden?

»Berg-Wercks-Fest, so im Plauischen Grund, ohnweit Dresden gehalten worden,
am 26. Septembris Anno 1719.« Nichts zeigt die Verbindung von außenpolitischem Machtstreben,
innenpolitischer Stabilität des absolutistisch regierten Feudalstaates
und wirtschaftlicher Stärke so deutlich wie die siebente der Planetenlustbarkeiten,
das »Berghäuer Fest«, anläßlich der Vermählungsfeierlichkeiten.
In der Mitte des Festplatzes war ein künstlicher Berg errichtet worden,
davor paradierten etwa 1700 Bergbeamte und Freiberger Bergleute,
die in lebenden Bildern alle berg- und hüttenmännischen Arbeiten demonstrierten.
Kupferstich nach einer Zeichnung von Carl Heinrich Fehling, 1719.
Staatliche Kunstsammlungen Dresden, Kupferstich-Kabinett

Ferner erwartete man von August die Entscheidung darüber, welchen Rang die Fürstin von
Lichtenstein, die Fürstin von Teschen, die Gräfin
Königsmarck und die »frembden Ministris Wei-
ber haben und wie sie tractiret werden sollen«[42].

Am Morgen des 2. September 1719 bestieg
das junge Paar in Pirna das von Allessandro

Ablauf der
Feierlichkeiten
in Dresden

Mauro entworfene Lustschiff »Bucentauro«, um
– von 15 holländischen Jachten begleitet – nach
Dresden zu reisen. Hier hatte der König wiederum alles für einen pompösen Empfang vorbereitet: Fürstliche Gäste aus anderen deutschen Ländern, polnische Magnaten, Hofadlige aus Dresden und Warschau, Minister und Hofbeamte,

Eigenhändige Ausarbeitungen von August dem Starken zur Anlage eines geschlossenen Festungsgebietes in der Sächsischen Schweiz. Mit dem Ausbau des Königsteins und der Befestigung des Liliensteins durch Einrichtung von Garnisonen und Vorratslagern sollte ein uneinnehmbares Lager zwischen Pirna und der großen Elbschleife geschaffen werden. Bleistiftzeichnungen mit Eintragungen in Tinte, um 1728–1730.
Staatsarchiv Dresden

Generale und Militär, die Garde, Jäger, Förster, Postbedienstete, Landadlige aus Sachsen und der Oberlausitz standen in einer streng festgelegten Ordnung Spalier vom Elbufer bis ins Schloß. Dann wurde nach dem Gottesdienst in den Räumen des Schlosses und »untern Zelten« im Freien gespeist. Die Königsfamilie und die höchsten Gäste aßen sogar von goldenen Tellern.

An den folgenden Tagen fand der Festreigen im bunten Wechsel statt: Das »Marsfest« auf dem Altmarkt, das »Fest der vier Elemente« im Zwinger mit dem »Karussell«. Die Elbe war Schauplatz einer Wasserjagd mit Prachtschiffen. Das »Planetenfest« wurde im Holländischen Palais begangen und mit einem Feuerwerk gekrönt. Erzreichtum, Technik und Naturschönheit des Erzgebirges stellten Hunderte von Bergleuten anläßlich des »Saturnfests« dar. Wirtschaften und Jahrmärkte, Fischer- und Winzerfeste boten den verkleideten Herrschaften die Möglichkeit ungezwungener Ausgelassenheit und erlaubten den Bauern, Bürgern und Bergleuten die Teilnahme an diesem launischen Spektakel.

Nachfeier in Moritzburg

Im Oktober folgte noch eine Festwoche in Moritzburg, die von der »Einlogierung« bis zu den Jagden, Tierkämpfen und »Seeschlachten« auf den Schloßteichen gleichfalls vom König bis in die Einzelheiten vorbereitet worden war.[43] Das Hochzeitsfest geriet damit zum Höhepunkt der von August II. maßgeblich mitgestalteten Festkultur. Die Malerin Anna Maria Werner – erst 1721 nach Dresden gekommen –, der Zeichner

Der Wohlgebohrne Ritter und Herr
Herr Ehrenfried Walther von Tschirnhauß,
auf Kißlingswalde und Stoltzenberg, Sr. Königl. Majestæt in Pohlen
und ChurFürstl. Durchl. zu Sachsen hoch bestalter Rath.
war gebohren d. 10. April 1651. starb d. 11 Octob. 1708.

Ehrenfried Walther von Tschirnhaus.
Der 1651 geborene Oberlausitzer Adlige entwickelte sich neben Leibniz, mit dem er seit 1675 befreundet war,
zu einem der bedeutendsten Vertreter der deutschen Frühaufklärung.
Sein Name ist unmittelbar mit der Überwachung der Böttgerschen Versuche zur Goldgewinnung
und dann vor allem zur Porzellanherstellung verbunden.
Ein Ziel blieb ihm aber bis zu seinem Tode unerfüllt: die Gründung einer Akademie in Dresden.
Kupferstich von Martin Bernigeroth, um 1708.
Staatliche Kunstsammlungen Dresden, Kupferstich-Kabinett

Carl Heinrich Jacob Fehling sowie noch andere Künstler haben einige Veranstaltungen dieser Hoffestlichkeiten in Bildern festgehalten, die nach dem Willen des Königs in einem prachtvollen Kupferstichwerk der Nachwelt überliefert werden sollten. Es blieb jedoch unvollendet.

Eine augusteische Veranstaltung ganz anderer Art war das von Zeitgenossen »Lustlager« von Zeithain genannte, nach den damaligen amtlichen Angaben offiziell bezeichnete »grosse Campement bey Radewitz«, einem Ort zwischen Großen-Hain und Mühlberg in der Nähe der Elbe gelegen.[44] Dieses militärische Manöver besonderen Charakters bildete den Abschluß der kursächsischen Heeresreform. Es gehörte zu den eigenwilligen Projekten des Kurfürst-Königs, das militärische Manöver mit anspruchsvollen Festlichkeiten zu verbinden, um so die internationale politische Wirkung zu erhöhen.

Das Manöver bei Radewitz

Nach den bitteren Erfahrungen im Nordischen Krieg hatte sich eine Heeresreform als unausweichlich erwiesen. Seit 1720 erfolgten deshalb wichtige Veränderungen in der Armee, von der Ausrüstung und Uniformierung bis zur Heeresorganisation und zu regelmäßigen Exerzierübungen, die der König selbst leitete und überwachte. Der Abschluß der Reform wurde noch dadurch beschleunigt, daß August II. anläßlich seines Besuches bei Friedrich Wilhelm I. – dem »Soldatenkönig« – in Berlin unter anderem eine Truppenübung von 16 000 Mann auf dem Tempelhofer Feld vorgeführt bekam, die den Sachsen offensichtlich sehr beeindruckte. Er verdoppelte daraufhin alle Anstrengungen mit dem Ziel, sein Manöver nun mit 30 000 Soldaten – 20 000 Infanteristen und 10 000 Berittene – im Juni 1730

durchzuführen. Die Teilnahme des Preußenkönigs, seines Kronprinzen Friedrich und weiterer 150 preußischer Offiziere sowie vieler anderer in- und ausländischer Gäste veranlaßte August II., hervorragende militärische Leistungen zu bieten. Dazu gehörte der Elbübergang eines ganzen Armeekorps mit Hilfe einer in Teilen vorgefertigten Brücke, die dann über den Fluß gezogen wurde. Friedrich Wilhelm von Preußen hat das Leistungsvermögen der sächsischen Armee ausdrücklich anerkannt. Die politisch-militärische Bedeutung des Manövers unterstrichen die leuchtenden Riesenlettern des Schlußfeuerwerkes: Sic fulta manebit (sc. pax)! (Auf eine solche Armee gestützt, wird er dauern, der Friede!)

Feste während des Manövers

Nicht weniger berühmt machten das »Campement« die dazu veranstalteten Festlichkeiten, die vom Herrscher bewußt mit der Heerschau sächsischer Macht und Leistung verbunden wurden. Dazu gehörten außer dem Feuerwerk Illuminationen auf einer Elbflotte sowie Theater- und Ballettdarbietungen, auserlesene Speisen an prunkvollen Tafeln, aber auch der zu legendärer Bedeutung gekommene »Riesenstollen«, zu dem Dresdner Bäcker über 20 Zentner Mehl, 326 Kannen Milch und über 3600 Eier verarbeiteten. Acht Pferde zogen ihn in Ketten aus einem extra dafür gebauten Backofen ins Lager, wo er dann mit einem säbelartigen Riesenmesser geschnitten und anschließend ausgeteilt wurde. Wie von fast allen Hoffesten Augusts, so fertigten Künstler auch hiervon auf Befehl des Herrschers ein Kupferstichwerk an, das unter Mitwirkung von Pöppelmann und Ingenieuroffizieren in der Weidmannschen Buchhandlung zu Leipzig in Imperialfoliogröße gedruckt und veröffentlicht wurde.

21/22 *Festlichkeiten anläßlich des Besuches von König Friedrich IV. von Dänemark in Dresden: »Aufzug der Wagen und Reiter zum Damenfest« und »Aufzug der vier Weltteile« im Rahmen des Karussellrennens. Die Veranstaltungen fanden in dem aus Holz erbauten Amphitheater, dem Vorgängerbau des Zwingers, statt. Der mit dem Siegel Augusts versehene Kostümentwurf, der August den Starken als Aventurier der Europäer zeigt, verdeutlicht die sorgsame und gründliche Vorbereitung solcher Festlichkeiten, die der Kurfürst vielfach persönlich überwachte und mit arrangierte. Deckfarbenzeichnung von C. H. Fritzsche, 1709. Staatliche Kunstsammlungen Dresden; Wasserfarbenzeichnung eines unbekannten Zeichners, 1709. Staatsarchiv Dresden*

23 *Bauernwirtschaft im Großen Garten.* Die Festlichkeit am 25. Juni
1709 bildete den Abschluß des Besuches von König Friedrich IV. von
Dänemark. Jeweils 20 Paare aus der Hofgesellschaft stellten Bauern
aus Meißen, Altenburg, Norwegen, Schwaben, Holland, Frankreich,
dem Erzgebirge und dem Schwarzwald dar. Auf dem Festplatz war
links ein Verkaufspavillon für Gemälde, Plastik und kunsthandwerkliche
Erzeugnisse aufgestellt. Rechts auf der Bühne trieb die italienische
Schauspieltruppe von Angelo Constantini ihre Possen. Wasserfarbenzeichnung von Johann Samuel Mock, 1710. Staatliche Kunstsammlungen
Dresden, Kupferstich-Kabinett

24 *Ankunft der Prinzessin Maria Josepha am 2. September 1719 in
Dresden.* In diesem Jahr erfüllte sich für August den Starken ein
langgehegter Wunsch: Nach langwierigen und zähen Verhandlungen
war es seinen Diplomaten gelungen, die eheliche Verbindung zwischen
Kurprinz Friedrich August und der Kaisertochter Maria Josepha von
Habsburg vertraglich zu vereinbaren. Am 20. August 1719 fand in Wien
die Vermählung statt. Die Festwochen in Dresden anläßlich dieses

Ereignisses begannen am 2. September mit dem Empfang der Jung-
vermählten. Der Prinz holte seine Gemahlin von Pirna in einem von
Alessandro Mauro entworfenen venezianischen Lustschiff ab, das, in
Begleitung von 15 holländischen Jachten, in Dresden mit Geschützdonner
begrüßt wurde. August der Starke erwartete sie mit seinem Gefolge in
einem Zeltlager. Anna Maria Werner hielt dieses Ereignis nach
Augenzeugenberichten nachträglich in einer Tuschfarbenzeichnung fest.
Staatliche Kunstsammlungen Dresden, Kupferstich-Kabinett

25 *Hauptszene der Oper »Teofane« von Antonio Lotti.* Die Vermählungsfeierlichkeiten erhielten einen musiktheatralischen Glanzpunkt mit
der Aufführung der italienischen Oper »Teofane« zur Eröffnung des
neuen Opernhauses am 13. September 1719. Entwurf und Ausführung
des Bühnenbildes stammten von Alessandro Mauro. Zu den Gästen der
Opernaufführung zählten auch Georg Philipp Telemann und Georg
Friedrich Händel. Tuschzeichnung von Alessandro Mauro aus dem
Prachtwerk über die Hoffeste zu Dresden von 1719. Staatliche
Kunstsammlungen Dresden, Kupferstich-Kabinett

Decoration de la Scene principale de l'Opera Theophane

Mensa Regalis Fodinam ex Saccharo confectam, omnesque in illa occurrentes operationes Metalli-
Fossorias, in Valle Plattensi prope Dresdam, Festivo Metalli-Fodinario Die 26 Sept. 1719 repraesentans.

Die Königl. Tafel, mit denen von Zucker gemachten Gebürgen, wobey alle Bergmännische Arbeit vorgestellet, wie solche
am BergWercks-Feste, in Plauischen Grund, ohnweit Dreßden gestanden. den 26. Septemb. de 1719.

26 »Königliche Tafel mit denen von Zucker gemachten Gebürgen,
wobei alle Bergmännische Arbeit vorgestellet,
wie solchs am Bergwercks-Feste im Plauischen Grund ohnweit Dresden gestanden«.
Das große Festmahl am Abend des 26. September 1719
bildete den Abschluß des »Berghäuerfestes«,
dem letzten der sieben Planetenfeste anläßlich der Vermählungsfeierlichkeiten.
Die königliche Tafel war dabei in Form des A als »Augustus« gestellt.
Als Tafelschmuck dienten zierlich gestaltete Nachbildungen aller
berg- und hüttenmännischen Tätigkeiten aus Zuckermasse.
Kupferstich nach einer Zeichnung von Carl Heinrich Jacob Fehling, 1719.
Staatliche Kunstsammlungen Dresden, Kupferstich-Kabinett

27 Zu den Funktionen des Oberhofmarschalls gehörte bei großen Empfängen die Ankündigung der Gäste durch Aufschlagen des Hofmarschallstabes auf den Fußboden und Ausrufen ihrer Namen. Für die Vermählungsfeierlichkeiten 1719 wurde von dem Goldschmied Johann Heinrich Köhler ein neuer Oberhofmarschallstab angefertigt, den Baron von Löwendal zu diesem Anlaß auch erstmals verwendete. Ebenholz, Gold, Email, Edelsteine, Länge 184,5 cm. Staatliche Kunstsammlungen Dresden, Grünes Gewölbe

28 Hofkostüm. Modisch und prachtvoll mußte die Kleidung auch am Hofe Augusts des Starken sein, aber immer auf den jeweiligen Anlaß zugeschnitten. Allein bei den Festlichkeiten 1719 wurden für ihn 25 Kostüme gefertigt. Das abgebildete Kostüm ist eines davon: Es besteht aus Justeaucorps, Weste, Hose und Degentasche. Der Brokatstoff ist mit Goldstickerei aus diagonalen Streifen und großformatigen Blüten geschmückt. Vermutlich Dresdner Arbeit, 1719. Staatliche Kunstsammlungen Dresden, Historisches Museum

Ordre de Battaille der Armee wie solche bey der Revüe in zwey Linien rangiret gestanden

Ihre Hoheit der Königl. Pohl. Kron Prinz

Genl. Feld-Marchal Graff von Wackerbarth

Genl. Prinz ½ von Weissenfels

29 *Zeithainer Lager. Es fand vom 28. Mai bis 24. Juni 1730 als
großangelegtes militärisches Übungslager der im Ergebnis einer umfassenden Heeresreform geschaffenen sächsischen Armee mit 30 000 Mann
statt. Alle Bauleistungen waren Pöppelmann übertragen worden, die
Planierung des Übungsgeländes ebenso wie die das Areal abgrenzenden
sechs Pyramiden und der große Pavillon, von dem aus der König und
seine Gäste, darunter König Friedrich Wilhelm I. von Preußen und
dessen Sohn Kronprinz Friedrich, die Exerzierübungen aufmerksam
verfolgten. Kupferstich, 1731. Staatsarchiv Dresden*

30 *Uniformzeichnung für einen sächsischen Grand Musquetaires.
In Vorbereitung auf das Zeithainer Lager wurde die neugeschaffene
Armee einheitlich bewaffnet und neu eingekleidet. Die Uniformentwürfe
mußten dem Kurfürst-König vorgelegt werden, der sie prüfte und
letztlich bestätigte. Die Neueinkleidung war radikal und reichte von den
Uniformen der Generale bis zu den Knöpfen und Flintensteinen der
Gemeinen. Die für die Offiziere kostspielige Ausstattung mußte von ihnen
selbst bezahlt werden, eigenmächtige Änderungen waren untersagt.
Am 28. Mai »legte der ganze Hoff, wie auch die Armée,
die neue Livrée und Montur an«. Wasserfarbenzeichnung.
Staatsarchiv Dresden*

31 *Reitzeug, bestehend aus Kopfgestell mit Kandare, Halsklappe, Brustriemen,*
zwei Flankenteilen und Schweifriemen. Das für Kurfürst Johann Georg IV. von dem Meißner Sattler Johann Abraham Schneider
gefertigte Reitzeug ging nachweisbar in den Besitz Augusts des Starken über. Das Pferd, das August beim Karussellrennen
der vier Weltteile 1709 ritt, war mit diesem Reitzeug gesattelt. Auch beim Zeithainer Lager 1730
benutzte es der Kurfürst-König. Es ist zugleich eine prachtvolle sächsische Schmiedearbeit, die die »sächsischen Diamanten«,
bei Zabeltitz gefundene Kiesel, verwendete. Leder, Samt, Silber, Kieselbesatz. 1694.
Staatliche Kunstsammlungen Dresden, Historisches Museum

32/33 *Figurinen für den Karneval des Dresdner Hofes 1725.*
Es war üblich, daß sich aus solchen Anlässen der Landesfürst, seine Familie
sowie der sächsische und polnische Hofadel in Verkleidung durch Dresden begaben.
Für die Große Wirtschaft zum Abschluß des Karnevals um 13. Februar
wurden Trachten von Schäfern, Müllern, Winzern und Gärtnern ausgewählt.
Die vier »Banden« hatten sich jeweils im Haus des »Chefs der Bande« einzufinden,
von wo sie durch die Stadt zum Schloß zogen. Dort hatten sie sich 16 Uhr
in den Pfälzischen Zimmern einzufinden. Nach Aufführung einer italienischen Komödie
speiste man in der Bildergalerie, anschließend wurde im Redoutensaal bis zwei Uhr früh gefeiert.
Wasserfarbenzeichnungen eines unbekannten Künstlers, 1725.
Staatsarchiv Dresden

BAUTEN UND KUNSTSAMMLUNGEN

*Architektur und Baukunst nahmen in der Zeit des Absolutismus und des Barock
die erste Stelle unter den Künsten ein. Der auf diesem Gebiet
besonders begabte Herrscher und seine Interessen
beeinflußten dabei maßgeblich
die Bautätigkeit.*

DOCH war es nicht allein das Vorbild Ludwigs XIV. von Frankreich, das zur Nachahmung veranlaßte. Zweifelsohne holte sich der junge Friedrich August, nachdem der Lehrer, Oberlandbaumeister Wolf Caspar von Klengel, sein Interesse an der Architektur besonders gefördert hatte, auf der Kavalierstour Anregungen in Paris und Versailles, aber für die städtebauliche Gestaltung seiner Residenz gab Venedig den Ausschlag.

Als sich die Pläne für den Bau eines neuen *Bauliche* Schlosses nicht verwirklichen ließen, beschränkte *Umgestaltung* sich August auf eine Umgestaltung innerhalb *im Schloß* des alten Schloßkomplexes. Doch auch damit versuchte er, seinen absolutistischen Machtanspruch unmißverständlich sowohl in der Anordnung der Räume als auch in der Ausgestaltung von Thronsaal und Schlafzimmer zu demonstrieren. Seine persönlichen Kunstleidenschaften paarten sich mit der zeitgemäßen öffentlichen Zurschaustellung der Kostbarkeiten, besonders im Grünen Gewölbe und im Porzellanzimmer. Viele Gedanken, Ideen, Skizzen, Entwürfe und Pläne zeigen nicht allein flüchtige Eingebungen, sondern beweisen auch sorgfältige Überlegungen mit Sachverstand, den er durch das Studium vieler Bücher über Baukunst und Architektur fortbildete und in Gesprächen mit Männern vom Fach vertiefte.

Das Ober- Die im Oberbauamt etablierten Fachkräfte *bauamt* waren verantwortlich für den Bau sowie die Unterhaltung aller staatlichen Gebäude. Projekte wurden in der Regel von mehreren Personen bearbeitet, wobei die Leiter des Amtes oft hervortraten, insbesondere die Oberland- und Landbaumeister. Nach Rangfolge, Arbeitsordnung und Zweckmäßigkeit waren verschiedene Departements geschaffen worden, die der König in einem Reglement von 1718 bestätigt hatte. Danach mußten alle Departement-Leiter jeweils freitags – im Sommer um sechs, im Winter um acht Uhr morgens – zur Besprechung der Aufgaben zusammenkommen. Planungen und Ausführungen bestimmter Objekte wurden mit dem Kurfürst-König persönlich besprochen. Jeder Bauvorgang erforderte vorherige Kostenanschläge, die das Oberbauamt zu prüfen hatte. Matthäus Daniel Pöppelmann mußte dieses oft sehr aufwendige Amt während seiner Tätigkeit als Oberlandbaumeister von 1718 bis 1734 ausführen; erst dann nahm man ihm die Arbeit ab.

Christoph August Reichsgraf von Wackerbarth wurde im Jahr der Königswahl General-

Ansicht eines von Matthäus Daniel Pöppelmann entworfenen neuen Schlosses
im Bereich des traditionellen Festplatzes an der Elbe.
Im Ergebnis der Studienreisen nach Wien und Paris im persönlichen Auftrag des Kurfürsten unterbreitete Pöppelmann dieses Projekt.
Der Entwurf zeigt die gewaltigen Dimensionen des Haupthofes, für festliche Empfänge und große Festaufzüge wohl geeignet.
Zum Obergeschoß des prächtig ausgebildeten Mittelbaues führen weitausgreifende Rampen.
Tuschfederzeichnung, um 1715.
Staatsarchiv Dresden

intendant des Militärbauwesens, stand dann an der Spitze des Oberbauamtes und erhielt 1718 die Beförderung zum Gouverneur von Dresden. Damit unterstand ihm praktisch das gesamte Bauwesen der Residenz. Als erfahrener Bauherr mehrfach hervorgetreten – mit Gouvernementshaus, Kurländer Palais, Schloß und Park Großsedlitz, Ritterakademie, Wackerbarths Ruhe, Schloß Zabeltitz –, war er für den Monarchen ein sachkundiger und hochgeachteter Partner, wobei sich August bei umstrittenen Projekten jedoch die Entscheidung vorbehielt. Unter des Königs maßgeblichem Einfluß erfolgten die Umbauten im Schloß zu Dresden, die des Hol-

ländischen zum Japanischen Palais, der Bau des Zwingers und des Taschenberg-Palais sowie die Erneuerung des Lieblingsschlosses Moritzburg und der Schloßanlagen Pillnitz, Großsedlitz und Übigau.

Des Monarchen besonderer Sorge um das Bauwesen war es zu danken, daß neben Wackerbarth und Pöppelmann noch weitere außergewöhnlich befähigte Architekten an der Gestaltung der Residenzlandschaft mitwirkten. Johann Friedrich Karcher, seit 1699 ebenfalls Oberlandbaumeister, ragte mit seinen Garten- und Architekturentwürfen hervor. Am Großen Garten und zahlreichen Projekten in Dresden und Warschau

Christoph August von Wackerbarth.
Er gehörte zu den einflußreichsten Ministern Augusts des Starken, besaß die Oberaufsicht über das Zivil- und Militärbauwesen
und erwarb sich große Verdienste bei der straffen Organisation des Oberbauamtes.
Wackerbarth wirkte zugleich als eigener Bauherr, der das Gouvernementshaus in Dresden (das spätere Kurländische Palais),
die Schloßanlage von Großsedlitz, Wackerbarths Ruhe in der Hoflößnitz und Schloß Zabeltitz vornehmlich von Knöffel entwerfen und bauen ließ.
Kupferstich von Martin Bernigeroth, zwischen 1715 und 1718.
Staatliche Kunstsammlungen Dresden, Kupferstich-Kabinett

arbeitete er mit. Der Franzose Zacharias Longuelune trat wahrscheinlich 1715 in sächsischen Dienst und wurde sieben Jahre später Oberlandbaumeister. Von ihm stammten ebenfalls zahlreiche Architekturentwürfe für Palais-, Museums- und Galeriebauten. Die Gestaltung der Elbfront an der Neustädter Seite erhielt mit dem Japanischen Palais und dem Blockhaus, an denen Longuelune mitwirkte, in diesem Abschnitt ihr charakteristisches Aussehen. Sein Landsmann Jean de Bodt kam aus den Diensten des Prinzen Wilhelm III. von Oranien und des Preußenkönigs Friedrich I. bereits als erfahrener Architekt nach Sachsen. Er stieg 1728 zum Generalleutnant und

Chef des Ingenieurkorps und damit zum Nachfolger Wackerbarths auf, beschäftigte sich jedoch vorwiegend mit militärischen Aufgaben.

Im Zivilbauwesen arbeitete sich der – wie Pöppelmann – gelernte Maurer Johann Christoph Knöffel seit 1708 im Oberbauamt regelrecht empor. An der kollektiven Bearbeitung verschiedener königlicher Bauten beteiligt – besonders am Japanischen Palais –, bewies er hervorragende Fähigkeiten, die ihm nach zwanzig Jahren das Amt des dritten Oberlandbaumeisters neben Pöppelmann und Longuelune eintrugen. Seit 1732 nahm ihn Graf Heinrich von Brühl für seine Bauten mehrfach in Anspruch. Nicht nur die

Meister des sächsischen Bauwesens, sondern fast alle Angehörigen des Oberbauamtes waren bürgerlicher Herkunft. Durch seine Vorliebe für die Architektur trat August auch in ein vertrauensvolles Verhältnis zu den bürgerlichen Mitarbeitern. Feudalherrliche Borniertheit kannte dieser König nicht.

Der Monarch strebte dahin, die Zweckbestimmung des Bauwerks, seine bauliche Hülle und die Innenarchitektur in harmonische Übereinstimmung zu bringen. In seinen Auffassungen unterlag er offenbar einem Reifeprozeß, denn mit der Zunahme des Alters und der Erfahrungen gelangte er zu immer umsichtigeren und präziseren Vorstellungen. Meist vermochte er diese Harmonie nicht in einem Zuge zu erreichen. Im Laufe der Jahre entwickelte er auch ständig neue Ideen über die Präsentation seiner Kunstsamm-

Pläne für einen großen Museumsbau

Generalplan für die Schloß- und Gartenanlage in Großsedlitz.
Mitten in seinen umfangreichen Baumaßnahmen verkaufte Wackerbarth die Grundherrschaft mit Schloßanlage an August den Starken,
der seinerseits Pöppelmann, Longuelune und Knöffel mit Neuplanungen beauftragte. In diesem Zusammenhang
ist der Generalplan entstanden. Er verdeutlicht die mit dem geplanten Schloßneubau beabsichtigte Erweiterung der Gesamtanlage.
Federzeichnung, um 1727. Staatsarchiv Dresden

Schloß Moritzburg vom Südwesten.
Inmitten des Friedewaldes, eines ausgedehnten Jagdgebietes im Norden von Dresden,
hatte Herzog Moritz von Sachsen 1542 von seinem Baumeister Dehn-Rothfelser einen wehrhaften Jagdschloßbau errichten lassen.
Das bei Regierungsantritt von Kurfürst Friedrich August I. durchaus bescheidene Jagdschloß
wurde zu einem seiner Lieblingsaufenthaltsorte, so daß er nach 1700 auch die bauliche Erweiterung durch Pöppelmann erwog.
Inmitten des regulierten Teiches erhebt sich auf einer Insel der nunmehr monumentale Schloßbau,
auf den eine von Dresden kommende Hauptallee zuläuft.
Federzeichnung von Johann Caspar Ulinger, 1733. Staatliche Kunstsammlungen Dresden. Kupferstich-Kabinett

lungen. Beweis dafür ist jene Funktionsskizze für die Errichtung königlicher Sammlungen, die der Monarch um 1718 entwarf und die zeigt, daß er die Kunstkammer auflösen und die übergroße Fülle verschiedenster Gegenstände in selbständigen Spezialsammlungen unterbringen wollte.[45] Der dafür geplante Baukomplex hätte einerseits diese Aufgliederung ermöglicht, andererseits ihren Zusammenhang in einem großen Gebäude gewahrt.

Dem König ging es also im Hinblick auf seine Sammlungen um ein ähnliches Konzept wie bei der Festkultur: Er nutzte die reichen Schätze der wettinischen Kunstkammer sowie Ergebnisse seiner eigenen Sammelleidenschaft und ordnete sie bewußt und gekonnt in die politischen, wirtschaftlichen und künstlerischen Ziele seiner absolutistischen Politik ein. Waren auch die entscheidenden Schritte zur Zusammenstellung von Kunstsammlungen bereits in Spanien, Frankreich und am kaiserlichen Hof in Wien erfolgt und diese von Friedrich August auf seinen Reisen zweifellos zur Kenntnis genommen worden, so reduzierten sich doch seine ausgereifteren Vorstellungen keinesfalls auf einfache Nachahmung. So legte er die Kriterien für die Einteilung der

Eigenhändige Skizze Augusts des Starken zur Einrichtung der kurfürstlichen Sammlungen im Dresdner Schloß.
Im Zusammenhang mit den Plänen zu einem Museumsneubau ist 1718 die Funktionsskizze entstanden,
die den Kurfürsten als den Schöpfer einer Museumsorganisation ausweist, die weitgehend bis heute Gültigkeit hat.
Auf der Skizze erscheint ein massiver Baukörper mit einer Galerie kombiniert, 32 Räume sind,
den musealen Sammlungen entsprechend, systematisch einander zugeordnet.
Staatsarchiv Dresden

neuen Sammlungen wie folgt fest. Das Material, nicht die historische Klassifizierung, bestimmte die Zusammenstellung. Chinesisches Porzellan kam zu dem Meißner, die antiken zu den modernen Marmorskulpturen, die goldene Trinkschale des Zaren Iwan IV. zu dem silbernen Altar Hans Kellerthalers. Die Gliederung wurde von konservatorischen Erfordernissen, von der künstlerischen Praxis und von der ästhetischen Wirkung bestimmt, und diese Form bewährte sich bis in die Gegenwart in der musealen Praxis.

Des Königs Monumentalbau für ein Museum kam nicht zustande, so daß seine Pläne in verschiedenen Gebäuden realisiert werden mußten. Obwohl seine Sammeltätigkeit universale Interessen verriet, offenbarten die kunsthandwerklichen Spezialmuseen, das Grüne Gewölbe und die Porzellansammlung, seine besondere Vorliebe. In Etappen vollzog sich seit 1723 die Neueinrichtung und Vergrößerung des dann insgesamt acht Räume umfassenden »Gewölbes«, das den Namen von dem ursprünglich grün ge-

Das Grüne Gewölbe

strichenen Raum im Schloß herleitete. Die fähigsten Künstler und Handwerker Dresdens trugen zur Gestaltung dieser neuen Räume bei, in denen nun die Kostbarkeiten aus Edelsteinen, Gold und Silber aufbewahrt wurden. Nach den Anweisungen des Königs von 1727 bot sich zum Abschluß dieses Umgestaltungsprozesses folgende Raumanordnung: Sie begann mit dem Bronzezimmer, in dem die Reiterstatuetten aus Bronze und die Brustbilder aus vergoldetem Kupfer Aufstellung gefunden hatten. Dann folgte das getäfelte Elfenbeinzimmer, daran schloß sich das entschieden größere Emaillenzimmer an. Im folgenden Silberzimmer präsentierte sich das Geschirr aus Gold und vergoldetem Silber. In Gold und Spiegelglas erstrahlte der Pretiosensaal, um die Wirkung der Kunstwerke durch Spiegelungen zu verdoppeln oder gar zu vervielfachen. Über den Türen wiesen mehrfach Monogramme »AR« – Augustus Rex – auf den Gründer und Eigentümer dieser Sammlungen hin. Der siebente Raum war das Wappenzimmer, und schließlich folgte

Trinkschale (»Koffsch«) von Zar Iwan dem Schrecklichen,
die jener aus den Kontributionslieferungen der von ihm 1563 eroberten Stadt Polozk anfertigen ließ.
Das in einer Moskauer Goldschmiedewerkstatt entstandene Trinkgefäß,
ein Meisterwerk russischer Goldschmiedekunst, schenkte Zar Peter der Große seinem Verbündeten August dem Starken
während seines Dresdenbesuches 1711.
Staatliche Kunstsammlungen Dresden, Grünes Gewölbe

der Höhepunkt, das Juwelenzimmer mit den Schmuckgarnituren Augusts, Einzelschmuckstücken und Orden – 1722 hatte er den Orden vom »Goldenen Vlies« verliehen bekommen – sowie kostbaren Waffen, beispielsweise dem Kurschwert der Wettiner.

Mit Recht wurde dieser Ausbau des Grünen Gewölbes ein »Politikum« genannt, weil keine andere Sammlung – einem Edelstein gleich – vom Kurfürst-König in eine solche Fassung gebracht worden ist und so den Anspruch der sächsisch-polnischen Union als europäische Großmacht prachtvoll zum Ausdruck brachte. Zahlreiche Künstler, vor allem aber der Goldschmied Johann Melchior Dinglinger, den August gut kannte, haben dazu beigetragen, die künstlerischen Intentionen des Herrschers auf hervorragende Art und in diesem Sinne umzusetzen. Entsprechend zeigte sich auch die Wirkung auf die Zeitgenossen. Im Überschwang schrieb der hessische Leibmedicus Daniel Wilhelm Triller folgende Verse:

»Das Auge sieht sich nimmer satt,
Sagt Salomon in seinen Sprüchen.
Ach, daß er Dresden nicht gesehen hat!
Vermutlich hätt' er diesen Satz
Geändert, wo nicht ausgestrichen:
Hier an dem Königlichen Schatz
Womit das grüne Zimmer pranget,
Sieht sich das Auge völlig satt,
Daß es nichts mehr zu sehen verlanget.
Umsonst verreist man so viel Geld,
Vergebens wird mit großen Kosten,
Nach Süd und West, nach Nord und Osten
Die Reise hitzig fortgestellt,
Damit man fremde Wunder sehe;
Allein man findet in der That
Weit größre Wunder in der Nähe,
Als man nicht in der Ferne hat.
Denn das, was man in Dresden schauet,
Und was AUGUST vollführt und bauet,
Sieht man sonst nirgends auf der Welt.«[46]

Schon vor der Erfindung des Porzellans durch Johann Friedrich Böttger war August ein begeisterter Sammler von keramischen Kostbarkeiten. Dies erklärt auch seine Förderung der Meißner Manufaktur, die in den ersten Jahren fast ausschließlich für ihn arbeitete. Hervorragende Künstler, wie Johann Gregorius Höroldt als Maler oder Johann Benjamin Thomae, Paul Heermann, Johann Jacob Irminger und Johann Joachim Kändler als Modelleure, schufen unvergängliche Werke, die den Weltruhm des Meißner Porzellans begründeten.

Die Porzellansammlung präsentierte sich zur Hochzeit des Kurprinzen 1719 im Holländischen Palais. Ein zwei Jahre später angefertigtes Inventar führte nach Arten geordnet mehr als 25 000 Stücke auf. Von 1727 an wurde das Gebäude durch Pöppelmann, Longuelune und de Bodt umgestaltet und seit 1732 Japanisches Palais genannt. Als der König Ende Oktober dieses Jahres, wenige Monate vor seinem Tode, »sein Porzellanschloß« besichtigte, war der Bau noch unvollendet. Später stellte man die Porzellane in die Keller dieses Palais, bis sie 1875/76 in das Obergeschoß des Johanneums umzogen. Seit 1962 ist diese Sammlung kostbarster Porzellane in einem Teil des Zwingers aufgestellt.

Als 1711 der Zwingerbau mit der Orangerie begann, deren erster Entwurf auf eine Skizze Augusts zurückging, sollte damit seiner Vorliebe für seltene südländische Pflanzen und Gewächse entsprochen werden. Daran anschließende Bauten dienten ursprünglich als »Speiß-, Spiel- und Tantz-Saal« sowie als »Französischer Pavillon« zur Ausstellung französischer Gemälde. »Grottensaal« und »Nymphenbad« entsprachen der Freude und dem Vergnügen am Aufenthalt unter Skulpturen und Wasserspielen, die mit Vexierwässern, Wassergittern und sprühend-feuchten Überraschungen allerlei Späße für die Besucher

Porzellan-sammlung

bereithielten. Der Wallpavillon als der architektonisch kostbarste Teil des Zwingers und eines der bedeutendsten Bauwerke des Barock, auf dessen Krone jener Hercules Saxonicus noch heute die Weltkugel trägt, dokumentierte zu seiner Zeit den Machtanspruch Augusts des Starken weithin sichtbar.

Nach den prunkvollen Hochzeitsfeierlichkeiten 1719 fanden die Bauarbeiten am Zwinger vorerst ein Ende. Mittel und Kräfte schienen erschöpft zu sein. Seltener sah der Hof des Zwingers nun Feste und Spiele. Da entschloß sich der Monarch, einen bereits längere Zeit gehegten Gedanken in die Wirklichkeit umsetzen zu lassen. Es war für Augusts aufgeklärtes Denken, die Universalität seiner Interessen und die von ihm angestrebte teilweise öffentliche Zugänglichkeit seiner Sammlungen bezeichnend, daß er schließlich die Bauten des Zwingers zum königlichen Palast der Wissenschaften bestimmte. Die Gedanken und Empfehlungen Gottfried Wilhelm Leibniz' an August II. von 1704, eine Akademie der Wissenschaften zu gründen, scheiterten an den Zeitumständen, dem Nordischen Krieg, den damit verbundenen militärischen Niederlagen und den Geldnöten des Herrschers. Ehrenfried Walther von Tschirnhaus, der ähnlich wie Leibniz ausgedehnte Studienreisen durch die Niederlande, England und Frankreich unternommen hatte, in einem Forschungslaboratorium umfangreiche physikalische Versuche durchführte und mit selbstkonstruierten Brennspiegeln durch die Sonnenstrahlung außergewöhnlich hohe Temperaturen bis zu 1500 Grad Celsius erzielte, war ein eifriger Verfechter dieses Akademiegedankens. Auf seinem Rittergut in Kieslingswalde in der Oberlausitz und in Dresden kam Tschirnhaus oft mit Männern der Wissenschaft und Technik zusammen, um mit ihnen Probleme der Theorie und Praxis zu diskutieren.

Ehrenfried Walther von Tschirnhaus

34 *Der Hofstaat des Großmoguls Aureng Zeb an seinem Geburtstag.*
Noch 1701 begann der Hofjuwelier Augusts des Starken mit einem Werk, das an Umfang,
Kostbarkeit und Beschaffenheit das außergewöhnlichste werden sollte,
das je ein Goldschmied geschaffen hat. Den Intentionen seines Herrschers folgend,
dessen Reich sich damals bis an die Schwelle des Orients erstreckte,
zauberte Dinglinger mit Figuren, Tieren, Gefäßen und Prachtgeschenken aller Art
die atemberaubende Welt des damals reichsten und mächtigsten Herrschers der Welt:
132 Figuren, 33 Geschenke in emailliertem Gold auf silberner, teilweise vergoldeter Bühne,
geschmückt mit 4 909 Diamantrosen, 164 Smaragden, 160 Rubinen, 16 Perlen,
2 Kameen, 1 Saphir (dazu kämen 391 Edelsteine und Perlen, die heute bereits fehlen),
Grundfläche etwa 1 m², Arbeit von Johann Melchior Dinglinger und seinen Brüdern
Georg Friedrich und Georg Christoph Dinglinger.
Staatliche Kunstsammlungen Dresden, Grünes Gewölbe

35 *Johann Friedrich Böttger. Der im Rufe eines Gold-*
machers stehende Böttger hatte sich dem Zugriff des
preußischen Königs Friedrich Wilhelm I. durch die Flucht
nach Kursachsen entzogen. Aber auch hier wurde er in
Dresden und auf dem Königstein in Gewahrsam genommen,
um für August den Starken das so dringend benötigte
Gold zu schaffen. Das gelang ihm zwar bis zu seinem
Tode 1719 nicht, dafür fand der Alchimist in Dresden
Bedingungen vor, die ihn zu einer wissenschaftlich-
technischen Leistung von hohem Stellenwert führten,
zur Erfindung des europäischen Porzellans.
Nach Gründung der ersten staatlichen Manufaktur in Europa,
der Porzellanmanufaktur in Meißen, stellten sich dennoch
finanzieller Gewinn und erheblicher Repräsentationszu-
wachs ein. Am 28. März 1709 zeigte Böttger bei August
dem Starken seine Erfindung an, darunter das »gute
weiße porcellain« und das »rothe porcellain«. Bildnis-
medaillon aus Böttgersteinzeug von François Coudray,
1723–1725. Schloßmuseum Gotha

36 *Entwurf für eine Wanddekoration. August der Starke*
hatte für den Umbau des Japanischen Palais ein Programm
für die Aufstellung des Porzellans festgelegt. Danach
schuf Longuelune eine Serie von Ausstattungsentwürfen,
der der Wandaufriß für einen Raum des Erdgeschosses
angehört. Darin sollte das »blau und weiße indianische«
Porzellan untergebracht werden. Die von der Wand-
gliederung vorgegebenen Felder sind mit Ornamentrahmen
versehen. Darin wird das Porzellan in seinen verschiedenen
Formen passend zueinander flächenfüllend eingeordnet.
Große und kleine Vasen und Deckelvasen wechseln
mit anderen kleinen Gefäßen und Tellern. Kolorierte
Bleistiftzeichnung von Zacharias Longuelune.
Staatsarchiv Dresden

37 *Schale aus dem 72teiligen Krönungsservice. Dieses wohl umfang-*
reichste Service aus der Meißner Porzellanmanufaktur mit der Darstellung
des polnisch-sächsischen Wappens entstand vermutlich am Ende
der Regierungszeit Augusts des Starken. Verwendung fand es
bei den Krönungsfeierlichkeiten von August III. am 17. Januar 1734.
Staatliche Kunstsammlungen Dresden, Porzellansammlung

38 *Teekanne ohne Deckel und 5 Koppchen mit doppelter, außen*
durchbrochener Wandung. Von Anfang an legte die Meißner
Porzellanmanufaktur großen Wert auf die künstlerische Gestaltung ihrer
Produkte. Deshalb wurde der Bildhauer Johann Benjamin Thomae
ebenso für die Manufaktur verpflichtet wie der Hofsilberarbeiter Johann
Jacob Irminger. Die Pokale, Vasen, Teekannen und Koppchen aus dem
ersten Jahrzehnt tragen die Handschrift Irmingers, wie dieses Teeservice
von etwa 1716/1717, das in modernen Formen und in seiner gestalte-
rischen Schlichtheit das neue Material gelungen zur Wirkung bringt. Viele
dieser Gefäße nahm August der Starke in seine Porzellansammlung auf.
Staatliche Kunstsammlungen Dresden, Porzellansammlung

39 Schreibtisch aus dem Residenzschloß Dresden. Der 1724 als Hoftischler für die Schlösser Pillnitz und Moritzburg verpflichtete Johann Christoph Schwartze lieferte drei dieser Schreibtische für den Hof im Jahre 1727. Nadelholz, Nußbaum, Messingbeschläge, Marmorplatte. Staatliche Kunstsammlungen Dresden, Museum für Kunsthandwerk

40 Eckkommode aus den Einrichtungsgegenständen des Dresdner Residenzschlosses zur Zeit Augusts des Starken, um 1720/1730. Staatliche Kunstsammlungen Dresden, Museum für Kunsthandwerk

41 Audienzgemach im Residenzschloß. Von Pöppelmann und Le Plat zwischen 1717 und 1719 neu gestaltet und ausgestattet, bildete es den hochrangigsten Saal für alle Staatsakte, große diplomatische Empfänge und »Öffentliche Audienzen«. Zustand um 1920

42 Weidbesteck. Das für August den Starken um 1730 von einem unbekannten Meister aus vergoldetem Messing angefertigte Besteck besteht aus einer Weidplötze, vier Besteckmessern, einer Feile und einer Scheide und trägt das polnisch-sächsische Wappen sowie das Monogramm »AR« (Augustus Rex). Staatliche Kunstsammlungen Dresden, Historisches Museum

43 Knaufkappe einer Pistole mit dem Bildnis Augusts des Starken. Am Ende seiner Regierungszeit hatte die Gewehrgalerie im Dresdner Schloß den gewaltigen Bestand von 984 Feuerwaffen, darunter 80 Pistolenpaare, hochwertige Gebrauchs- und Luxuswaffen zu jagdlicher und sportlicher Verwendung. Neben den Dresdner waren es vor allem die Suhler Büchsenmacher, die Meisterwerke ihres Handwerks an den Dresdner Hof sandten. Dazu gehört die vor 1730 von dem Meister G. M. gefertigte Garnitur Steinschloßwaffen, bestehend aus Büchse, Flinte und Pistolenpaar, die als Huldigungsgeschenk der Stadt Suhl August der Starke überreicht bekam. Staatliche Kunstsammlungen Dresden, Historisches Museum

44 *Der Weißenfelser Jagdpokal von Johann Melchior und Georg Christoph Dinglinger, entstanden nach 1712, sowie der Pokal mit der Mohrin von Johann Melchior Dinglinger, hergestellt 1709. Beide Pokale wurden für Festlichkeiten am Dresdner Hof angefertigt. Staatliche Kunstsammlungen, Grünes Gewölbe*

45 *Hohe gerippte Flasche. In Fortführung der Arbeiten von Tschirnhaus beschäftigte sich auch Böttger, vor allem nach der Gründung der Porzellanmanufaktur, mit der Glasherstellung. Der bei diesem Glas verwendete Metallschliff ist seine Erfindung. Staatliche Kunstsammlungen Dresden, Grünes Gewölbe*

46 *Schwert und Scheide, reich mit Diamanten und Rubinen verziert. Dieses Anfang des 18. Jahrhunderts von einem unbekannten sächsischen Meister gefertigte Schwert benutzte August der Starke dazu, seinen Sohn 1722 zum Ritter des Ordens vom Goldenen Vlies zu schlagen. Staatliche Kunstsammlungen Dresden, Historisches Museum*

47 »Augusteisch Chursächssischer Atlas oder
Accurate Geographische Delineation derer Chur. und
Fürstl. Sächs. Lande Albertinischer Linie: II. General
Charte oder Titul dieses Atlantis mit Andeutung der
dabey adhibierten 4 HauptOperationen.« Seit 1711
war der Dorfpfarrer Adam Friedrich Zürner im
Auftrag des Kurfürsten dabei, das Land neu zu
vermessen. Eine vierspännige Vermessungskutsche mit
einem Zählwerk, ein Vermessungsschubkarren, ein
Schrittzähler, ein auf Geländehöhepunkten aufgestellter
Meßtisch mit Winkelgerät und Diopter standen ihm
als technische Hilfsmittel zur Verfügung. Dazu
kamen vielfältige angeforderte Nachrichten aus den
kursächsischen Ämtern und Städten. Atlaswerk von
Adam Friedrich Zürner, 1725. Staatsarchiv Dresden

48 Ackerbau und Viehzucht im Leipziger Kreis.
Das Bild zeigt im Vordergrund weidende Schafe,
von einem Hüteknecht beaufsichtigt, dahinter einen
Bauernwagen, der mit geerntetem Getreide beladen wird.
Auf der in die Messestadt Leipzig führenden Straße
gehen Menschen und fahren beladene Pferdefuhrwerke.
Wasserfarbenzeichnung auf der Karte des
Leipziger Kreises von Adam Friedrich Zürner, um 1730.
Staatsarchiv Dresden

Entwurf für die Aufstellung des goldenen Kaffeezeugs.
Auf ausdrücklichen Befehl Augusts des Starken mußte Johann Melchior Dinglinger sein erstes großes Werk,
das seit 1697 in Arbeit befindliche goldene Kaffeezeug, im Dezember 1701 nach Warschau bringen.
Am 23. Dezember nahm es der König in Augenschein und kaufte es für 50 000 Taler, die er in kleinen Summen bis 1711 abzahlen ließ.
Erst zwischen 1723 und 1725 wurde es in das Grüne Gewölbe gebracht und dort unter die königlichen Pretiosen aufgenommen.
In Vorbereitung darauf wurde auch der Entwurf eines Tisches angefertigt,
bevor der Permoserschüler Johann Benjamin Thomae ein verschnörkeltes Fußgestell mit einer sächsischen Marmorplatte fertigte.
Tuschzeichnung von einem unbekannten Künstler.
Staatsarchiv Dresden

Tschirnhaus betätigte sich nicht nur als Erfinder, sondern zugleich als ein unermüdlicher Förderer der Manufakturen in Sachsen. Mit der Überwachung der Versuche Johann Friedrich Böttgers zur Goldgewinnung und dann zur Porzellanherstellung betraut, war dieser große Gelehrte ganz im Leibnizschen Sinne an den Vorarbeiten zu Böttgers großer Erfindung beteiligt. Der von ihm konstruierte Brennspiegel kam mit anderen technischen Geräten in den Mathematisch-Physikalischen Salon.

Denn der König ordnete 1728 an, Kabinette für Petrefakten, Vegetabilien, Animalien, Mineralien, für mathematisch-physikalische Instrumente im Zwinger einzurichten und ferner auch die große Kupferstichsammlung sowie die königliche Bibliothek dort unterzubringen. Dabei mußte wohl der Plan, ein besonderes Gebäude für die Sammlungen zu errichten, noch lebendig gewesen sein, denn Zacharias Longuelune arbeitete 1729 an einem solchen Projekt, das den Abschluß des Zwinger-Ensembles bilden sollte.

129

Allerdings war schon kurze Zeit vorher, am 3. Dezember 1728, der öffentliche Zugang für die bereits fertiggestellten Kabinette mit einer Instruktion des Kabinettsministers Graf von Friesen geregelt worden: Nach der Vereinbarung eines Besuches mit dem diensthabenden Inspektor wurden aus Sicherheitsgründen nur kleine Gruppen geführt. Eintrittsgeld zu zahlen war nicht notwendig, dafür kassierte der Führer jedoch »Tranckgelder . . . in eine gemeinschaftliche Büchse«. Die übliche Höhe von vier Gulden (21 Groschen) bedeutete jedoch eine Einschränkung des Besucherkreises, denn nur relativ wenige Menschen konnten sich das leisten. Im Zwin-

Zwingerbauten werden zu Museen

gerbereich wurden zur Sicherheit Wachen aufgestellt, so auch am Eingang des Grünen Gewölbes im Schloß. Hier galt eine ähnliche Besucherregelung. Deshalb vermochte Matthäus Daniel Pöppelmann in seinem Zwinger-Kupferstichwerk von 1729 völlig zu Recht die drei Zwecke hervorzuheben, die der König mit seinem Bauwerk angestrebt habe: »Zur Zierde des Hofes, zur Aufnahme beydes der curieusen und nützlichen Wissenschaften und zu allgemeinem Nutzen . . .«[47]

Bereits anläßlich seiner Kavalierstour hatte Prinz Friedrich August kostbare Gemälde erworben. Zehn Jahre später kaufte er als Kurfürst-

Elfenbeinfigur eines Bettlers.
Die Figur, die ihren Platz im Elfenbeinzimmer des Grünen Gewölbes hatte, zeigt eine Gestalt aus dem Milieu der Armen und Besitzlosen,
die es in augusteischer Zeit ebenfalls in großer Zahl gegeben hat.
Darauf weisen immer wieder neu erlassene Mandate gegen Bettelei und Diebstahl sehr deutlich hin.
Bei dem modellierten Bettler könnte es sich auch um einen invaliden Soldaten handeln, der im Krieg ein Bein eingebüßt hat.
Elfenbein, vergoldetes Silber, Diamanten, Rubine und Smaragde.
Dresdner Bildhauer, evtl. Paul Heermann. Staatliche Kunstsammlungen Dresden, Grünes Gewölbe

Zweites Vorzimmer im Residenzschloß
mit den Gemälden »Venus und Merkur« sowie »Diana und Aktäon« von Louis de Silvestre.
Zustand um 1920

König mit Giorgiones »Venus« ein Hauptwerk der italienischen Malerei. Seine Gemäldekäufe erreichten immer größere Dimensionen. Mit Aufträgen an spezielle Agenten bewies August, daß er auch in dieser Hinsicht zu den großen Kunstsammlern seiner Zeit gehörte. Da in seiner Funktionsskizze für die königlichen Sammlungen von 1718 die Gemälde unberücksichtigt blieben, ein Teil davon im Schloß selbst, andere hingegen im »Cabinet aufm Stall« (im Stallgebäude am Jüdenhof) hingen, zeigte dies, daß August II. die

Gemäldesammlung, an diesen Stätten präsentiert, gleichfalls als hervorragenden Bestandteil seiner »absolutistischen Kulturpolitik« betrachtete. Im Schloß befanden sich über 500 Gemälde, als der König 1722 die Anweisung zur Inventarisierung seiner Schätze gab. Damit sollten alle in Dresden und in den umliegenden Schlössern befindlichen Gemälde aufgenommen werden. Sechs Jahre später konnte die Erfassung von 3592 »Schildereyen« abgeschlossen und diese nach Gattungen geordnet werden.

Hauptunterkunft blieb das Stallgebäude am Jüdenhof, doch sein repräsentatives Aussehen erhöhte sich mit dem Vorbau einer Englischen Treppe (1729/30), wie sie auf dem Gemälde »Der Neumarkt mit dem Galeriegebäude« mit der heranfahrenden Prachtkarosse Augusts III. wirkungsvoll zu sehen ist, das Bernardo Bellotto, genannt Canaletto, 1749 schuf. Der Bewunderung der königlichen Sammlungen durch zahlreiche Zeitgenossen standen aber auch kritische Äußerungen und die Verurteilung der Verschwendung riesiger Geldsummen gegenüber, die freilich ohne den wirtschaftlichen Aufschwung Kursachsens in den zwanziger Jahren nicht hätten ausgegeben werden können. Die Sammlungen kamen nicht durch Kriege und damit verbundene Beutezüge zustande, wie wenig später die zur Zeit Friedrichs II. von Preußen – im Gegenteil: Sie regten die Sammeltätigkeit in kleineren Residenzen an, vor allem aber auch die von Bürgern und Städten. Bürgerliches Selbstbewußtsein entfaltete sich, indem man – wie in Leipzig – mit den fürstlichen Sammlungen in Wettbewerb trat.

LEIPZIG ALS NEBENRESIDENZ

Leipzig stellte die wirtschaftliche Hauptstadt des Landes dar. Die dreimal im Jahr stattfindende Messe bildete nicht nur einen immer wiederkehrenden Höhepunkt im internationalen Handelsleben und in der Wirtschaft Kursachsens, sondern auch in Politik und Kultur.

DIE Stadt hatte die Schäden des Dreißigjährigen Krieges relativ rasch überwunden, weil ein sehr selbstbewußtes Handels- und Manufakturbürgertum ihr Geschick weitgehend bestimmte. Es unterhielt wirtschaftliche und gesellschaftliche Beziehungen, die weit über die Landesgrenzen hinausreichten. Die Messestadt entwickelte sich zu Beginn des 18. Jahrhunderts zum »Marktplatz Europas«. Stadt und Bürgertum Leipzigs galten als überragender wirtschaftlicher Faktor, mit dem der Dresdner Hof stets rechnete.

Leipzig-Reisen waren schon von jeher für die Landesherren und den Hof üblich. Bereits Johann Georg IV. hatte offensichtlich die Errichtung eines fürstlichen Stadtpalais in der Messestadt geplant, wofür der Oberlandbaumeister Christoph Beyer 1693 einen Entwurf lieferte. Da der kurfürstliche Nachfolger Friedrich August Leipzig und seine Messen sehr häufig besuchte, konnte die Stadt, wenn er sich hier aufhielt, durchaus als Nebenresidenz und als zweiter Hof gelten. Abgesehen von dem Huldigungsbesuch Anfang August 1694 kam der Kurfürst zur Herbstmesse des gleichen Jahres schon wieder. Nach dem Hof-Journal 1694 reiste er mit

Leipzig als wirtschaftliche Hauptstadt

Sächsisches Postwesen

der Post und blieb vom 9. September bis zum 21. Oktober. Sicher fuhr der Landesherr nicht mit der »Ordinari«-, sondern mit der »Extra«-Post, die speziell von Staatsbeamten und reichen Leuten in Anspruch genommen wurde.

Sächsischer Oberpostmeister war seit 1691 der Leipziger Handelsherr Johann Jakob Kees, der für das Leipziger Großbürgertum als Prototyp gelten konnte: Ratsherr der Messestadt, Kommerzienrat im Dienst des Landesherrn – der auch für Friedrich August manche Geldgeschäfte durchführte –, Kenner des Wechselrechts und Mathematiker, Liebhaber der Kunst und Musik, Inhaber des Rittergutes und der Erbherrschaft Lößnig. Schon Zeitgenossen priesen seine Verdienste um das sächsische Postwesen, das nicht nur eine schnelle Personen-, Paket- und Briefbeförderung, sondern das Wirtschaftsleben überhaupt außerordentlich begünstigte. Sicher trugen auch die vielen Reisen des Landesherrn zur weiteren Förderung des Post- und Straßenwesens bei. So befahl beispielsweise ein Mandat Augusts II. von 1706 der Ritterschaft, den Kreis- und Amtleuten, den Bürgermeistern und Stadträten sowie den Richtern, dafür zu sorgen, daß die Landstraßen erhalten und verbessert sowie in die

Markt mit einem großen Teil der Stadt Leipzig.
Diese größte kursächsische Stadt in der Mitte des Reiches entwickelte sich nach 1706 zum »Marktplatz Europas«
und zum Mittler steigender Handelstätigkeit zwischen Ost und West.
Diese Tendenz wurde wesentlich durch die sächsisch-polnische Union begünstigt.
Die rege Handelstätigkeit spielte sich auf dem Markt und in den ihn umgebenden Handelshöfen ab.
Kupferstich von Johann Georg Schreiber, 1712.

richtige Breite gebracht werden müßten. Danach sollten die Straßen jeweils vor den drei Leipziger Messen inspiziert und ausgebessert werden.[48]

In dieses Bestreben reihte sich auch der Auftrag an Adam Friedrich Zürner ein, die Straßen Kursachsens zu verbessern und für die Aufstellung der Postmeilensäulen zu sorgen. Zürner schuf schließlich auch eine »Neue Chur Saechsi-

sche Post Charte«, die 1719 im Druck erschien und nicht allein die Wege und Straßen, Städte und Dörfer enthielt. Sie vermittelte ebenso die administrative und kirchliche Gliederung des Landes, die Schlösser, Burgen und Klöster, aber auch die Post- und Geleitstationen mit entsprechenden Entfernungsangaben. Damit hatte der ehemalige Pastor aus Sachsen zusammen mit seinem großartigen Werk, dem »Atlas Augustaeus Saxonicus«, außerordentliche wissenschaftliche, technische und künstlerische Leistungen vollbracht, die auf Anregungen seines Landesherrn zurückgingen.

Während die normale Post die Entfernung zwischen Dresden und Leipzig in 22 Stunden zurücklegte, fuhr der Kurfürst mit der »Extra«-Post oder seiner eigenen Kutsche diese Strecke in neun Stunden. Der Bericht eines britischen Gesandten enthielt sogar die Mitteilung von einem »Gewaltritt« Friedrich Augusts ohne jede Begleitung von der Leipziger Frühjahrsmesse 1695 nach Dresden, wobei er diese Entfernung gewiß in noch kürzerer Zeit zurücklegte. Vier Jahre später kam er als König von Polen mit einer Hofgesellschaft von mehr als 300 Personen zur Michaelismesse nach Leipzig; darunter befanden sich 99 Fürsten, Freiherren und Grafen, 40 polnische Magnaten und Adlige, zehn Generäle und Geheime Räte sowie 200 Hofbedienstete. In diesen Tagen fand auch die Hochzeit des Erbprinzen Georg Wilhelm von Brandenburg-Bayreuth mit der Prinzessin Sophia von Sachsen-Weißenfels in Anwesenheit Augusts II. statt. Dies war ein Staatsbesuch, wie ihn die Stadt noch öfters erleben sollte. Er brachte für Leipzig mit seinen reichlich 20 000 Einwohnern und den ohnehin anwesenden Messegästen gewiß außergewöhnliche Probleme. Sicher konnte man dadurch zusätzliche Einnahmen und Geschäfte machen, aber ebenso verursachte er dem Rat höhere Ausgaben für Empfänge und Gastgeschenke. Denn schon ein »normaler« Aufenthalt des Königs und seines Gefolges sollte der Stadt etwa 30 000 Taler kosten.

Die Unterbringung der Hofgesellschaft in Leipzig erwies sich nicht als problematisch. Da nach 1680 das Bauwesen in der Messestadt wieder einen Aufschwung genommen hatte und die zahlreichen Handelsherren, Kramermeister, Manu-

Unterkünfte der Messegäste

faktureigentümer und Bankiers meist über geräumige Häuser und Höfe verfügten, weil sie sich ohnehin auf Messevermietungen einstellen mußten, war ein Zusammenrücken bei solch außergewöhnlichen Hofbesuchen zwar nötig, aber durchaus möglich und sicher auch gewinnbringend. Deshalb ist es sicher kein Zufall, daß während der Regierungszeit Augusts mehrere große Häuser in noch größere Stadtpalais um- oder solche gar neu gebaut wurden. Baumeister und Architekten zog es aus diesem Grund aus Dresden in die Messestadt, wie beispielsweise Johann Gregor Fuchs. Von 1700 an errichtete er in 15 Jahren mehrere dieser repräsentativen Bürgerpalais, die den Adelspalästen der Residenzstadt in nichts nachstanden. Dazu gehörte auch das Haus für den Bürgermeister Franz Conrad Romanus – einen Günstling des Königs –, der später wegen Betrügereien im Zusammenhang mit seinem Hausbau auf dem Königstein endete. Fuchs baute auch das »Königshaus«.

Das kurfürstlich-königliche Domizil in Leipzig war eigentlich die Pleißenburg, auch als »das Schloß« bezeichnet. Als wettinisches Eigentum – August nannte es in seinem Schlösserverzeichnis von 1716 an 14. Stelle[49] – stand es von jeher den Kurfürsten zur Verfügung. Aber der klobige Bau hatte im Dreißigjährigen Krieg Zerstörungen hinnehmen müssen, die zwar wieder beseitigt worden waren, doch in diesen alten, vom Festungsbau des 16. und 17. Jahrhunderts beeinflußten Gemäuern fühlte sich August II. nicht mehr wohl, weshalb er sie diversen Amtsstellen oder anderen hohen Hofbeamten vorübergehend überließ. Er logierte, genau wie sein Vater und sein Bruder, in einem Bürgerhaus, zunächst im »Amelungschen« Haus am Markt/Ecke Petersstraße.

Bürgerhäuser als königliches Quartier

Es erscheint schon etwas merkwürdig, daß ein Kurfürst und König in einem Bürgerhaus hofhielt und dafür auch noch Miete bezahlte. Aus dem Jahre 1687 existierte ein Mietvertrag, der auf die Bitten der Witwe Maria Amelung von 600 auf 1000 Taler erhöht wurde, für die »von Ew. Churfürstl. Durchl. und dero Hoffstadt bey Meßzeiten bewohnenden Logiamenter«.[50]

Im Jahr 1703 – auch während des Nordischen Krieges kam der Kurfürst-König, wenn es irgend ging, zu den Messen – wohnte August II. in dem Haus am Markt, das bis dahin den Erben des Professors der Medizin Dr. Gottfried Welsch gehörte, aber kurz darauf von dem Handelsherrn

»Abzeichnung der neuen steinernen Post-Säulen wie solche auff allergnädigsten Befehl … durchgehends auff den Chur- und Fürstlichen Sächsischen Land- und Post-Straßen zu setzen.« Die von August dem Starken angestrebte wirtschaftliche Entwicklung verlangte ein vorbildliches Verkehrsnetz. Dazu gehörte die Errichtung von Postmeilensäulen in den Städten, auf Straßenkreuzungen und an wichtigen Straßen. Auf den Säulen aus Sandstein befanden sich Angaben über die Entfernungen zu den Städten des Kurfürstentums untereinander und zu den wichtigsten Städten der angrenzenden Staaten in Fahrtstunden. Auf der Grundlage der Zürnerschen Landesvermessungen ergingen genaue Vorschriften, wo und wann in welcher Gestaltung große ganze oder kleine ganze Säulen, Halbmeilensäulen oder Viertelmeilensäulen zu setzen waren. Augusts Oberlandbaumeister Pöppelmann entwarf für die ganzen Säulen das polnisch-sächsische Doppelwappen. Kupferstich von Johann Gottfried Krögner, 1734. Staatsarchiv Leipzig

Sänfte (Chaise à Porteur) für August den Starken, die in Form eines Thronsessels gestaltet wurde.
Auf dem Rückenpolster sind die Buchstaben A. R. (Augustus Rex) eingestickt.
Wasserfarbenzeichnung eines unbekannten Künstlers, undatiert.
Staatsarchiv Dresden

und Manufakturunternehmer Andreas Dietrich Apel erworben und weitgehend umgebaut wurde.

Apel hatte zur Jahrhundertwende einen großen Garten in der nahen Westvorstadt erworben und auf diesem Gelände eine Manufaktur zur Produktion von Seidenstoffen, Samt, Atlas und Damast sowie Tapeten, Leinwand und Kattunen eingerichtet. Daneben existierte noch eine privilegierte Gold- und Silberwarenmanufaktur. Apel als dynamische Unternehmerpersönlichkeit zeigte auch Kultur- und Kunstbeflissenheit. Er ließ von dem kurfürstlich-königlichen Oberlandbaumeister David Schatz einen beträchtlichen Teil des Geländes als »Lustgarten« in Fächerform anlegen, mit Orangerie, Springbrunnen, Laubengängen und Pavillons, der zu bestimmten Zeiten auch für Besucher geöffnet war.

Apels Garten

Der Umbau des Hauses am Markt, »Worinnen Ihre Königl. Majestät zu Logiren pflegen«[51], zum königlich-bürgerlichen Stadtpalais konnte sehr wohl in Übereinstimmung mit dem Monarchen vorgenommen worden sein, zumal Gregor Fuchs, den August kannte, dafür die nötigen Baupläne lieferte. Er gestaltete ein Barockpalais unter Erhaltung eines spätgotischen Wendelsteins aus Rochlitzer Porphyr. Die Neugestaltung brachte nicht allein größere Fenster, sondern setzte auch der Straßenfront einen Erker mit einem Altan vor. Das dazugehörige Quergebäude erhielt einen großen Festsaal, so daß der gesamte Palaiskomplex mit drei Stockwerken den höfischen Bedürfnissen durchaus gerecht wurde, zumal auch noch Platz für Küche und Keller sowie für die Unterbringung der notwendigen Dienerschaft blieb. Die königlichen Räume zierten Dresdner Möbel, Einrichtungsgegenstände und sicher auch Kunstwerke. Am 23. Juli 1706 erging folgende Anweisung des Königs und Kurfürsten an die landesherrliche Kammer: »Demnach Wir mit Andreas Dietrich Apeln, Handelsmann in Leipzig wegen seines daselbst habenden und am Marckt gelegenen Wohnhaußes einen ordentlichen Contract, damit Wir Uns gedachten Haußes beständig in denen drey Leipziger Meßen zu gebrauchen haben möchten, Schließen und Uns die in beyliegender Specification benenndte Zimmer und ander Bequemlichkeiten bedingen, und ihne Apeln dafür einen jährlichen Zinß von Zwey Tausend Thalern aus Unserer Renten Cammer reichen zu laßen, aller gedst gemaynet und entschlossen.«[52] Auf diese Weise erhielt August II. ein Stadtpalais, das die Repräsentations- und Wohnbedingungen eines barocken Residenzschlosses erfüllte. Erst 1828 ist dieser Mietvertrag mit den nachfolgenden Hauseigentümern gekündigt worden.

Der König unternahm viel, um den Residenzcharakter Leipzigs weiter auszuprägen. In gewisser Hinsicht stimmten seine Bestrebungen mit denen des Stadtrates überein. Denn der von reichen Handelsherren und gelehrten Juristen beherrschte Rat glaubte, sein Regiment mit ähnlichen Maßnahmen für die Öffentlichkeit attraktiver machen zu können. Kurz vor Augusts Regierungsantritt war 1693 das Opernhaus am Brühl vollendet worden, das zu den ersten Häusern dieser Art in Deutschland überhaupt gehörte. Während der Frühjahrsmesse des gleichen Jahres fand die feierliche Eröffnung der Oper mit »Alceste« von Nicolaus Adam Strungk statt, der seit einiger Zeit am Dresdner Hof wirkte und nun seine Ernennung zum Hofkapellmeister erhielt. Mit der Aufstellung von Nachtlaternen kam der Leipziger Rat sogar der Residenzstadt

Das »Königshaus«

»Umweltschutz«

Leipzig als »Residenzstadt«

Lehmannsches Kaffeehaus

Dresden zuvor, wenn er 1702 anordnete, daß damit das Mitführen von Pechfackeln zur Nachtzeit entfallen müsse und so Feuergefahr, Diebstähle und Tumulte verhindert würden.

Ein Jahr später setzte die Stadt sogar zwölf Sänften ein – genannt »Portechaisen« – und die dazu notwendigen Träger. Als Sänftenstation bestimmte der Rat den Naschmarkt und als Transportbereich das Gebiet der Innenstadt und der Vorstädte. Die Beförderung kostete innerhalb der Ringmauern zwei, in die Vorstädte vier Groschen; Extraträger während der Messezeiten waren entsprechend teurer.

Mehrere Ratsmandate und -befehle sollten zur Ordnung und Sauberkeit der Stadt beitragen. Deshalb mußten beispielsweise Gewerbe mit Qualm- und Schmutzverbreitung aus der Innenstadt in die Vorstädte verlegt werden. Solche, die mit Feuer umgingen, hatten gleichfalls außerhalb der Stadt oder in den Tonnengewölben der Moritzbastei zu arbeiten. Unrat und Mist oder Kohlen auf die Straßen zu schütten wurde wiederholt verboten. Diese zu transportieren mußte frühmorgens geschehen. Wenn auch alle Anordnungen oder Verbote der Stadtrat erließ, standen doch angesehene Bürger dahinter, die sich für Ordnung und Sauberkeit einsetzten.

Der sich immer mehr ausbreitenden Mode, Kaffee und Tee zu trinken, entsprach der Rat, indem er 1716 Johann Lehmann das Privileg gewährte, einen Tee-, Kaffee- und Schokoladenausschank zu eröffnen. Doch bestimmte er, daß keine »Weibspersonen« weder die Getränke zurichten noch servieren durften, ja, daß ihnen der Aufenthalt im Lokal überhaupt untersagt war. Für Karten-, Würfel- und Glücksspiele galt ein striktes Verbot, während man das Billardspiel gestattete, wenn auch keine »hohe und übermäßige Partien«.[53] Geöffnet war das Lehmannsche Kaffeehaus im Sommer von neun, im Winter

Zeughaus und Ratsbibliothek von Leipzig.
Kolorierter Stich von Gabriel Bodenehr, 1709/10.
Universitätsbibliothek der Karl-Marx-Universität, Leipzig

von zehn Uhr an, zur Zeit des sonntäglichen Gottesdienstes blieb das Lokal geschlossen.

Während seines Besuches der Neujahrsmesse 1704 mit dem Statthalter Fürst von Fürstenberg regte August II. verschiedene Maßnahmen zur Verschönerung seiner Nebenresidenz an. So sollten im stadtnahen Rosental, einem bisher wenig gepflegten Wald, »Alleen zum Fahren und zum Gehen« angelegt werden. Kündigte er damit den Versuch an, einen neuen Schloßbau in diesem Gebiet errichten zu wollen? Der Leipziger Rat hat es zumindest verstanden, allen Plänen des Königs mit Geschick, Energie und anderweitigen Zugeständnissen entgegenzuwirken. Dafür mußte er jedoch den Wunsch des Monarchen nach einem neuen Reithaus erfüllen. Obwohl das als Provisorium dienende Gebäude 1700 abgebrochen werden mußte, bekam der König erst 17 Jahre später die von der Stadt in Auftrag gegebenen Pläne vorgelegt, fand sie als »Vorhaben gar

Rosentalpark

Peterstor

Reithaus

angenehm«, ließ jedoch in Dresden Johann Christoph Naumann eigene Risse anfertigen, »darnach der Bau aufgeführt werden solle«, die »mit eigener hoher Hand« unterzeichnet waren.[54] Die Stadt mußte daraufhin den Neubau vor dem Ranstädter Tor ausführen.

Ähnliches geschah auch mit der Gestaltung des neuen Peterstores, zu dem Matthäus Daniel Pöppelmann die Entwürfe lieferte. Durch den Umbau verwandelte sich 1722/23 das spätmittelalterliche Stadttor in ein barockes Prachtportal, das von der äußeren Stadt her ein anderes Gesicht als vom Stadtinnern bekam. Mit seinem majestätischen Aussehen schloß es die damals beliebteste Straße Leipzigs, die Petersstraße, ab.

Zu des Königs Anregungen für städtebauliche Veränderungen gehörten auch Empfehlungen zur Verschönerung des Rathauses, denn das aus dem 16. Jahrhundert stammende Renaissance-Rathaus entsprach dem barocken Architekturge-

Abendliche Festtafel im Ehrentempel zum 48. Geburtstag von August dem Starken am 12. Mai 1718.
Die Gräfin Dönhoff, zu jener Zeit die Favoritin des Kurfürsten, gab an diesem Tage ein Fest,
zu dem Pöppelmann im Birkholtzschen Garten zu Dresden einen Ehrentempel mit Kuppel aus Holz, Leinwand, Stuck,
Farbe und Laubwerk zwischen flachgedeckten Sälen errichtet hatte.
Die Darstellung zeigt den König und die geladenen Gäste an einer festlich geschmückten Tafel.
Tuschfederzeichnung von Johann Friedrich Wentzel, 1718.
Sächsische Landesbibliothek, Dresden

schmack nicht mehr. Doch dem Rat fehlte entweder das Geld oder der Wille, dem für die städtische Verwaltung noch ausreichenden Gebäude einen kostspieligen Umbau zuzumuten.

Zum Lobe gereichte ihm dagegen die Eröffnung der Ratsbibliothek 1711. Es verriet den Einfluß der Frühaufklärung, wenn nach dem »Exempel der weltberühmten Vatikanischen Bibliothek zu Rom« – in einer durch und durch lutherischen Stadt! – an der Stelle des alten Zeughauses eine Bibliothek eingerichtet wurde, ringsherum freistehend, damit von allen Seiten »helles und den Musen höchst anständiges Licht« zugeführt werde.[55] Ein kostbarer Bücherbestand von

Ratsbibliothek

14 000 Bänden und eine ebenso beachtliche Münz-, Karten-, Kupferstich-, Mineralien- und Instrumentensammlung konnten von jedem Besucher, der sich angemeldet hatte, zweimal wöchentlich aufgesucht werden. Die auf diese Weise der Öffentlichkeit zur Verfügung stehende Ratsbibliothek – sie wurde von den Studenten der Alma mater Lipsiensis eifrig benutzt – besaß in ihren hellen und freundlichen Räumen herrliche Gemälde, unter anderem von Lucas Cranach d. Ä. und in den Gängen zahlreiche Erd- und Himmelsgloben.

Der Monarch selbst sorgte noch für ein sehr wertvolles wissenschaftliches und kulturelles Werk, indem er getreu seiner Anordnungen von 1704 einen »akkuraten Generalgrundriß« der ganzen Stadt, der Vorstädte und des ganzen Umkreises durch seinen Oberlandvermesser Hans August Nienborg anfertigen ließ. Erstmalig entstand dadurch eine kartographische Aufnahme von Leipzig und seiner Umgebung im Maßstab 1:20 000, die als künstlerisch gestalteter Atlas mit Feder- und farbigen Tuschzeichnungen im Jahr 1713 erschien. Schon ein Jahr zuvor waren sieben Blätter »Descriptionen« von Nienborg hergestellt worden, auf denen sämtliche Grundstücke der Innenstadt und der Vorstädte aufgeführt, mit Nummern und den Namen der Besitzer versehen worden waren.[56]

Die Stellung der Nebenresidenz Leipzig während der Besetzung Sachsens durch die Schweden war für eine Zeitlang bedeutsamer als die Dresdens. Denn durch die Nähe des schwedischen Hauptquartiers in Altranstädt, wenige Kilometer von der Messestadt entfernt, trafen sich hier Fürsten, Gesandte, Diplomaten und alle möglichen Reisenden, ja sogar die beiden Könige, und erhoben die Stadt vorübergehend zu einem politischen Zentrum ersten Ranges. Kurz vor der schwedischen Besetzung hatte

»Generalgrundriß« Leipzigs

Königliche Vergnügungen

Politisches Zentrum während schwedischer Besetzung

August seine Untertanen aufgefordert, den Truppen gegenüber loyal zu sein. Ebenso erließ Karl XII. kurz darauf 15 Artikel an seine Armeeangehörigen, Mannszucht zu wahren und für Lebensmittel, Dienste, Viehfutter das geforderte Geld zu bezahlen (das die Sachsen als Kontribution ohnehin erstatten mußten), weder zu stehlen noch gegen die Bevölkerung mit Gewalt vorzugehen. Jedem gestand er das Recht der Beschwerde zu. Dadurch nahm das Leben fast seinen normalen Gang, Übergriffe bildeten die Ausnahme. Während der Messen zog sich das schwedische Militär fast ausnahmslos aus der Stadt zurück.

Königsbesuche außerhalb dieser Besatzungszeit verbanden sich meist mit vergnüglichen Veranstaltungen. Dann ging August ins Theater oder zur Redoute und wandelte in Apels Garten. Manchmal begleitete den König auch seine Gemahlin, die jedoch mit ihm gemeinsam nur die offiziellen Verpflichtungen wahrnahm. Häufig hielt sie Andacht in Gottesdiensten oder besuchte geistliche Konzerte, zog sich aber so bald wie möglich wieder an ihren Hof nach Torgau oder Pretzsch zurück. Unterredungen, Verhandlungen, Besichtigungen und andere Verpflichtungen gab es für den Kurfürst-König sowie seine engsten Berater in Fülle. Die engen Kontakte mit den Handelsherren gaben August auch Gelegenheiten, neue Objekte für seine Sammlungen zu erwerben. So kaufte er beispielsweise von dem Buchhändler Moritz Georg Weidmann mehrmals über 100 Zeichnungen und von dem Leipziger Stadtbaumeister Gottfried Wagner eine Sammlung Grafiken für 2000 Taler.[57]

Kein Wunder, wenn durch des Königs Förderung einigen Kaufleuten die Ehre zuteil wurde, vom Kaiser in den Adelsstand erhoben zu werden. Dies geschah dem Wollgroßhändler Johann Ernst Kregel, der sich danach von Sternbach nennen durfte und als Erbherr von Abtnaundorf und Güldengossa starb; oder dem Handelsherrn, Bankier und kaiserlichen Armeelieferanten Peter Hohmann, ab 1717 Peter von Hohenthal genannt, der den berühmten Auerbachs Hof und zwei weitere Häuser in Leipzig sowie 13 Rittergüter erwarb. Sicher hatten solche Vertreter des messestädtischen Kaufmannsstandes auch nichts dagegen, daß die Regierung 1728 jährliche Meßrelationen einführte, die von nun an einen genauen Überblick über das jeweilige Messegeschehen ermöglichten.

Eine besondere Freude muß es für den König gewesen sein, mehrfach seinen Geburtstag in Leipzig feiern zu können, zumal der 12. Mai meist in die Frühjahrsmessezeit fiel. Anläßlich seines 44. Geburtstages im Jahr 1714 fand in seiner Anwesenheit und mit viel Volk das Fischerstechen statt: eine Belustigung auf der Pleiße, bei der sich in Kähnen stehende Fischer mit Stangen gegenseitig ins Wasser stoßen mußten. Ein daraufhin ausgestelltes Privilegium bestimmte, daß dieser aus dem Spätmittelalter überkommene Brauch von nun an jährlich am 12. Mai gepflegt werden sollte. Außerdem führten als Hochzeitspaare gekleidete Bauernmägde und -knechte aus den Universitätsdörfern lustige Tänze auf, zu denen eine »Musik von Bergleuten« spielte. Den Beteiligten bot man eine »ergötzliche Bewirtung«, und dem König wurde dafür eine aus »allerhand Blumen gezierte Krone« überreicht.

Die Geburtstagsfeier vier Jahre später ließ deutlicher erkennen, daß es zu solchen Anlässen auch

Geburtstagsfeierlichkeiten

»protokollgerecht« zuging – wie bei den meisten Hoffestlichkeiten –, denn diesmal hatte der engste Vertraute, Graf von Flemming, die Feierlichkeiten vorbereitet. Er schenkte seinem Herrn ein Goldstück, von dem der Universitätsbibliothek ein Silberabdruck übergeben wurde. Nach den offiziellen Gratulationen – die Glückwünsche der Universität überbrachte der Rektor in wohlgesetzter Rede – fand nachmittags wieder das Fischerstechen statt. Am Abend brachte man dem Achtundvierzigjährigen eine festliche Musik dar, worauf sich ein Festzug, von über 400 Fackeln beleuchtet, vom Schloß (Pleißenburg) zu Apels Garten bewegte. Dort fand der Tag mit einem prächtigen Feuerwerk seinen Abschluß.

Kaum war der König nach seiner Fußoperation wieder mühsam auf den Beinen, fuhr er gegen den Rat seiner Ärzte zur Ostermesse 1727 nach Leipzig, besuchte unterwegs den Grafen von Friesen, das Kurprinzenpaar im Schloß Hubertusburg und in Pretzsch seine Gemahlin, um schließlich mit seiner Chaise allein reisend in der Messestadt anzukommen. Doch alle ihm gebotenen Ehrungen mußte er diesmal sitzend entgegennehmen, denn das Stehen bereitete ihm so viel Mühe, daß das Hof-Journal festzuhalten für nötig erachtete: Er ging »das erste Mal mit dem bösen Fuß, Gottlob! [fügte das Journal hinzu] zue und von der Tafel«. Das letzte Mal kam August II. nur für ganz kurze Zeit anläßlich der Neujahrsmesse 1733 in seine Nebenresidenz. Ob er wohl ahnte, daß er sie niemals wiedersehen würde?

VON HOF ZU HOF

Reisen an Höfe anderer Herrscher im eigenen Land oder in fremde Länder
hatten sich seit der Herausbildung ortsfester Residenzen
immer stärker zu politischen Staatsaktionen
der Kaiser, Könige und Fürsten
entwickelt.

AN der Stilisierung der Besuchsreisen zu herausragenden und wahrhaft königlichen Demonstrationen, die bewußt innen- und außenpolitische Wirkungen hervorbringen sollten – sowohl für die Besucher als auch für die besuchten Höfe –, beteiligten sich immer mehr Repräsentanten der Macht oder solche, die dafür bezahlt wurden. Die wirtschaftliche, politische und kulturelle Bedeutung Kursachsens und des Hofes zu Dresden wuchs auch durch Rang und Namen der kaiserlichen und königlichen Gäste.

Schon vor der Regierungszeit Friedrich Augusts trugen die »Verwandtenbesuche« aus Dänemark zur Aufwertung des wettinischen Hofes bei, wie die zweimalige Anwesenheit des dänischen Prinzen 1672 und 1678 bewies. Unter Johann Georg III. und Johann Georg IV. verging kaum ein Jahr, in dem nicht fürstliche Gäste des Auslandes in der Elbresidenz weilten, zu deren Ehren glanzvolle Feste ausgerichtet wurden.

Dänische Verwandtenbesuche

Unter den illustren Herrschern in augusteischer Zeit ragte der dreimalige Aufenthalt des »Groß Czaar aus Muscau« hervor – wie im Hof-Journal 1698 vermerkt –, weil Peter I. auf der Rückreise von Holland Leipzig und Dresden »mit großer Gesandtschaft« besuchte. Daß Peter

Peter I. von Rußland in Dresden

seine Wohnung nicht im Schloß, sondern beim Hofgoldschmied Johann Melchior Dinglinger nahm, war ganz und gar nicht im Sinne höfischer Etikette und gab diesem Besuch ebenso wie denen von 1711 und 1712 sein besonderes Gepräge. Zar Peter handelte damit in ganz ähnlicher Weise wie der beim Handelsherrn wohnende August. Das Ziel des für Kursachsen und die sächsisch-polnische Union folgenreichsten Zusammentreffens mit dem nur zwei Jahre jüngeren Repräsentanten, der ebenso wie August II. seine Großmachtpolitik im Auge hatte, bestand in der Schaffung eines Bündnisvertrages, der 1699 in Moskau ratifiziert wurde. Beide Seiten verpflichteten sich darin zu gemeinsamer und abgestimmter Kriegführung gegen Karl XII. Sie sollte dem Polenkönig Livland bringen und dem Zaren »einen festen Fuß in der Ostsee«.[58] Als die beiden Herrscher bei einem Treffen in Polen ihre Degen tauschten, kam zwar kurze Zeit später die schmuckreiche, mit kostbaren Edelsteinen besetzte Waffe Peters in das Grüne Gewölbe, aber der sich daran anschließende einundzwanzigjährige Nordische Krieg brachte bekanntlich – nicht ohne Schuld des Wettiners – dem Sachsenland Not, Bedrückung und Elend.

Peter der Große.
Als sich der russische Zar 1711 und 1712 jeweils auf der Durchreise in Dresden aufhielt,
quartierte er sich in Dinglingers Haus auf der Frauengasse ein.
Dort porträtierte ihn der Bruder des Hofjuweliers und fertigte das Emailbildnis an,
das August der Starke 1714 für 500 Taler kaufte und im Grünen Gewölbe aufbewahrte. Vor 1714.
Staatliche Kunstsammlungen Dresden, Grünes Gewölbe

Während die Besuche des spanischen Königs aus dem Hause Bourbon 1703 und der Königin Anna Maria von Portugal 1708 in jene Jahre fielen, in denen August gewissermaßen als »König ohne Krone« herrschte, war bekanntlich der mit großem Glanz gefeierte Hofbesuch des königlichen Vetters aus Dänemark 1709 von neuen Hoffnungen und Plänen auf die Rückgewinnung des polnischen Thrones erfüllt. Wie schon erwähnt, hatten beide Könige aus naheliegenden Gründen dem brandenburg-preußischen Nachbarn in Berlin ihre Aufwartung gemacht, aber ihr Ziel, König Friedrich I. von Preußen für den Krieg gegen Schweden zu gewinnen, nicht erreicht. Schon zu Beginn des Nordischen Krieges äußerte sich der Brandenburger Friedrich, da-

Berlin-Besuche

mals noch Kurfürst, vorsichtig zurückhaltend: »Wie der König von Pohlen seinen Krieg ausführen wirdt, da lasse ich ihn für sorgen und bin zufrieden, daß ich nichts darmit zu thun habe; da will ich stille sitzen und zusehen.«[59] Dies deutete schon daraufhin, daß beide Nachbarstaaten in einem von erheblichen Gegensätzen befrachteten Verhältnis zueinander standen. Es herrschte zwischen ihnen eine »Besuchsdiplomatie« vor, die von den jeweiligen Machtinteressen beider Seiten diktiert wurde. Freundschaftliche und nachbarliche Beziehungen bissen sich oft mit feindlichen Aktionen.

Bereits als junger Kurfürst war Friedrich August 1696 zu seinem Namensvetter nach Berlin gefahren. Äußerlich ungleich, stand dem großen und kräftigen Wettiner der kleine, etwas verwachsene Hohenzoller gegenüber. In ihren politischen Machtbestrebungen ähnelten sie sich aber durchaus. Was dem einen in greifbarer Nähe stand – die polnische Krone –, das stachelte den anderen nun erst recht an, es ihm mit der Krone Preußens so bald wie möglich gleichzutun. Als Friedrich im Dezember dieses Jahres zum Gegenbesuch nach Dresden kam, standen gewiß die Probleme beider Kronerwerbungen zur Debatte. Das Geheimabkommen der Herrscher über die beabsichtigte Okkupation Elbings durch den Brandenburger zeigte, daß dieser kompakte Gegenleistungen von Sachsen für sein Wohlwollen forderte.

Als sich beide Friedriche – inzwischen gleichrangige Könige – wieder einmal trafen, diesmal im Vogtland zwischen Reichenbach und Plauen im Sommer 1708, existierten schon immer heftiger werdende Querelen. Die verweigerte Hilfeleistung im Nordischen Krieg versteifte das Verhältnis noch mehr. Brandenburgische Agenten, die Handwerker, Künstler, Klöppelmägde und andere Gewerbetreibende abwarben, wurden wiederholt in Sachsen festgesetzt. Ebenso hatte es mit guten nachbarlichen Beziehungen nichts mehr zu tun, wenn einerseits der Preußenkönig 1710 die Leipziger Messe besuchte, andererseits August II. bei der Rückkehr aus Polen von einer preußischen Eskorte energisch an der Reise durch brandenburgisches Gebiet gehindert wurde, so daß sich die Sachsen den Weg mit Gewalt freikämpfen mußten.

Die Gegensätze beider Staaten spitzten sich immer mehr zu. Dazu trug auch die Flucht der Gräfin Cosel im Dezember 1715 bei, die August veranlaßte, in einem persönlichen Brief an Friedrich Wilhelm I. mit dem Vorwurf, sie wollte nur Zwietracht unter die Monarchen bringen, ihre Auslieferung zu verlangen. Gegen die Rückgabe

Sächsisch-preußische Gegensätze

der nach Sachsen geflohenen preußischen Deserteure ging der »Soldatenkönig« auf die Forderung Augusts ein. – Kurze Zeit später tauschten beide Monarchen Dragoner gegen Porzellanvasen. – Infolge der innen- und außenpolitischen Probleme, in denen sich der Wettiner zwischen 1715 und 1720 befand, fühlte sich der Preuße zu einem Wirtschafts- und Zollkrieg ermuntert, der seinem unter den militärischen Rüstungen stöhnenden Land ökonomische Vorteile bringen sollte.

Mit den sächsischen Befehlen und Mandaten allein war dieser Politik schwer beizukommen. Einerseits sollte dadurch die Einfuhr preußischer Waren zum Schutze der sächsischen gehindert werden, andererseits gefährdeten immer noch die Umtriebe der »Kommissare auß Preußen« die Wirtschaft Sachsens, indem sie Untertanen und Einwohner – insbesondere Fachkräfte wie Zeug- und Tuchmacher sowie andere Handwerker – »auf höchst verbothene Arth und Weise« zum Abzug verleiteten. Deshalb müßten solche Werber verhaftet werden, wie das Mandat von 1723 befahl, aber ebenso wäre preußischen Handwerkern die Niederlassung in Sachsen zu verweigern.[60] Die Aufforderung in der »Instruktion König Friedrich Wilhelms I. für seinen Nachfolger« aus dem Jahre 1722 war also nicht wirtschaftspolitisch, sondern militärisch gemeint: »Mitt die Saxen müßet Ihr fride halten so lange sie wollen, alliancen müßet Ihr nicht mit sie machen, sie sein guht Kaiserlich und sein fals wie der deuffel und wo Ihr euch nicht vorsehet bedrigen sie auch«.[61]

In der zweiten Hälfte des dritten Jahrzehnts waren die wirtschaftlichen Schäden für beide Staaten so erheblich, daß eine Verständigung nur noch auf höchster Ebene helfen konnte. Der Besuch Friedrich Wilhelms in Sachsen und Dresden im Februar 1728 mußte also zur Lösung dieser wirtschaftspolitischen Fragen beitragen. Dazu kamen aber noch politische und persönliche Motive. Da der Preußenkönig dahin neigte, ein Bündnis mit Österreich einzugehen und die »Pragmatische Sanktion« im Hinblick auf die österreichische Erbfolge anzuerkennen, ging Augusts Bestreben dahin, diese Entscheidung unbedingt im Interesse der Erwerbung der Kaiserkrone für seinen Sohn zu verhindern. Außerdem befand sich der Wettiner zu dieser Zeit ohnehin in einer persönlich komplizierten Lage, denn durch seine Krankheit glaubte er, dem Tode nahe zu sein. Im Dezember 1726 diktierte er seine »letzten Gedanken« – unter anderem an seinen Sohn –, so daß auch die Frage der Erbfolge in Polen ein wichtiges Problem darstellte, das er mit seinem preußischen Nachbarn geklärt haben wollte.

Friedrich Wilhelm litt nicht minder unter einer diffizilen Situation, wie die Auseinandersetzungen in der eigenen Familie bewiesen. Jedenfalls traf man sich in Dresden, und August II. sorgte in seiner Art dafür, daß sich der Preußenkönig trotz seines Widerwillens gegen die »Saxen« und gegen höfisches Treiben köstlich amüsierte: »Ich bin in Dresden und springe und tanze, ich bin mehr fatagiret, als wenn ich alle Tage zwei Hirsche tot hetze.« Nun war für ihn »die hiesige Magnificence so groß, daß ich glaube, sie habe bei Louis XIV. unmöglich größer sein können und was das liederliche Leben betrifft, so bin ich zwar nur zwei Tage hier, aber ich kann in Wahrheit sagen, daß ich dergleichen noch nicht gesehen«.[62] Nachbarliche Eintracht spiegelt deshalb das bekannte Doppelbildnis beider Monarchen wider, dessen erste Fassung von dem Maler Louis de Silvestre wahrscheinlich anläßlich dieses Besuches geschaffen worden war.

Bei dem erst sechzehnjährigen preußischen Kronprinzen Friedrich, den der despotische Va-

Friedrich Wilhelm I. in Dresden

Kronprinz Friedrich von Preußen

ter nur widerwillig mitgebracht hatte, sollten die Tage in Sachsen in anderer Weise nachhaltig wirken. Obwohl die »freiere Hofhaltung nicht ohne Eindruck auf Friedrich geblieben war« – er verliebte sich nach Mitteilung seiner Schwester Wilhelmine in die Orczelska, die »zugleich die natürliche Tochter und die Mätresse des Königs war« und auch noch die Geliebte des Grafen Rutowski –, möchte ein anderes Erlebnis den damals empfindsamen Jüngling schwer getroffen haben. Während sein Vater bei winterlicher Jagd im Annaburger Forst Trophäen einheimste und dafür von August kostbare Ehrengeschenke überreicht bekam, hatte der junge Kronprinz beim Scheibenschießen erwartungsgemäß sehr schlecht abgeschnitten. Dafür erhielt er vom königlichen Gastgeber einen »Scherzpreis«: einen von einem schwarzen Ziegenbock gezogenen Schlitten, auf dessen Pritsche ein als Kutscher gekleideter Hund und im Schlitten eine als Frau angezogene Katze saßen. Dazu hatte Augusts Hofpoet die Verse geschrieben:

»So wirst Du auch der Welt,
Läßt Dich der Himmel leben,
Nichts als was großes mir,
Von Dir zu lesen geben.«[63]

Es ist einzusehen, daß die »Auszeichnung« auf Kronprinz Friedrich gerade zu dieser Zeit den denkbar ungünstigsten Eindruck machen mußte. Mit dem Vater in unversöhnlicher Feindschaft lebend, war dieser Scherzpreis vor den anwesenden Damen und Herren beider Höfe eine unverzeihliche und schwer zu vergessende Taktlosigkeit. Es scheint sehr gut möglich, daß sie auf die von Friedrich II. später geäußerten negativen Urteile über August als den falschesten Fürsten nachwirkte.

Der Dresden-Besuch hatte zum Ziel, in der Form einer friedlich-familiären Übereinkunft die

König August II. von Polen und König Friedrich Wilhelm I. von Preußen.
Aus Anlaß des Besuches von Friedrich Wilhelm I. 1728 in Dresden entstand das Allianzbildnis der beiden Herrscher,
das August bei seinem Gegenbesuch als Geschenk mit nach Berlin nahm.
Dort wurde es im Bronzesaal des Potsdamer Stadtschlosses untergebracht.
Zwei Jahre später lieferte Silvestre eine eigenhändige Wiederholung an seinen Landesherrn.
Gemälde von Louis de Silvestre, vor 1730.
Staatliche Kunstsammlungen Dresden, Gemäldegalerie Alte Meister

brisanten wirtschaftlichen und politischen Gegensätze auszugleichen und gegenseitige Vorteile auszuhandeln. Einerseits beendete ein Vertrag den Wirtschafts- und Zollkrieg zwischen beiden Ländern, andererseits gingen beide eine Defensivallianz ein, die dem Wettiner die Erblichkeit der Krone Polens sichern sollte. Diese Allianz brachte die Könige in einen »privaten« Zusammenhang, von dem die Prinzessin Wilhelmine später berichtete, daß sie eine Heirat zwischen ihr und August II., der seit 1727 in Witwerschaft stand, ins Auge faßten. Danach sollte der Preußenkönig ein Truppenkontingent zur Verfügung stellen, falls die Polen sich weigerten, das erbliche Königtum anzuerkennen. August wollte noch eine Vier-Millionen-Taler-Anleihe haben, wozu er die Lausitz als Pfand in Aussicht stellte und Wilhelmine die freie Religionsausübung und 200 000 Taler Witwengeld zugestand. Fraglich ist, ob dieser Heiratsplan überhaupt ernst gemeint war.[64] Vielleicht gebaren diesen Gedanken auch nur Wilhelmines Phantasie oder die feucht-fröhlichen Stunden der eben gegründeten »Société des antisorbres«, der Gesellschaft gegen die Nüchternheit, in der August II. als »Patron« und Friedrich Wilhelm I. als »Compatron« sich in der Gemeinschaft von einflußreichen Höflingen aus Dresden und Berlin mit erheblichen Mengen Wein zuprosteten?

Auf jeden Fall mußte diese höfische Visite den beiden Monarchen sehr gut gefallen haben, so daß der Dresdner schon im Mai desselben Jahres zum Gegenbesuch in Berlin und Potsdam erschien. Er brachte seinen Sohn Friedrich August sowie die beiden Töchter Katharina von Rutowski (Bielinska) und Anna Cathérine von Orczelska mit.

Der preußischen Prinzessin Wilhelmine, die den Polenkönig zum ersten Mal sah, schien dieser »sehr gebrechlich«. Außerdem litt er am Fuß, so

(Randnotiz: Gegenbesuch in Berlin)

(Randnotiz: Im Urteil der Prinzessin Wilhelmine)

daß er »kaum gehen, noch lange stehen konnte. Der Brand war schon dazu getreten, so daß man, um den Fuß zu retten, zwei Zehen hatte abnehmen müssen. Die Wunde war stets offen, und er litt große Schmerzen.« Wilhelmine wußte nicht, daß ihm nur eine Zehe am linken Fuß amputiert worden war. Aber sie glaubte gesehen zu haben, daß sie der Wettiner »sehr aufmerksam« beachtete. Das Gesicht des Kurprinzen fand sie »regelmäßig und schön«, ansonsten wäre er »sehr beleibt« und hätte »nichts Einnehmendes«, da ihm die Verbindlichkeit des Vaters fehlte. Die Gemahlin des Prinzen – die Kaisertochter Maria Josepha – fand die knapp Zwanzigjährige »außerordentlich häßlich«. Von der Gräfin Orczelska erwähnte Wilhelmine deren »herrlichen Schmuck«, den ihr der Vater von seiner verstorbenen Gemahlin Christiane Eberhardine geschenkt hatte. Bemerkenswert war außerdem noch ihre Mitteilung, daß sich ihr Bruder kränker stellte als er war, um nicht an der Festtafel zu Ehren König Augusts II. und dessen Sohn teilnehmen zu müssen. Die einzige Freude wäre dem Bruder gewesen, die Orczelska wiederzusehen und ihr freundliches Entgegenkommen gespürt zu haben.[65]

Der politische Ertrag dieses Gegenbesuches erwies sich als durchaus beachtlich: Er brachte die Ratifizierung eines Handelsvertrages zwischen Sachsen und Brandenburg-Preußen, der die preußischen Bestrebungen zur Schwächung der Wirtschaft Sachsens zumindest für einige Jahre unterband, die Behinderung der Leipziger Messe und des sächsischen Osthandels beseitigte und so zur Normalisierung der Wirtschaftsbeziehungen beider Staaten beitrug.[66] Doch die nach außen hin gepriesene »Bruderliebe« in Versen auf einer Gedächtnistafel in der Jungfernheide und die Vollendung des Gemäldes beider Monarchen durch Louis de Silvestre vermochten nicht dar-

»Neue Chur Saechsische Post Charte« von Adam Friedrich Zürner.
Der Hofgeograph und kursächsische Land- und Grenzkommissar Augusts des Starken
arbeitete seit 1711 an einer Neuvermessung der kursächsischen Ämter.
Parallel zu dieser Landesaufnahme fertigte Zürner eine Postkarte, die 1719 erstmals gedruckt wurde.
Neben der allgemeinen geographischen Situation gibt sie Auskunft über die Verwaltungsgliederung und die Kirchensprengel,
über die Siedlungslage und deren Größen, über Burgen, Schlösser und Rittergüter,
über Post- und Geleitstationen sowie über die das Land durchquerenden Postkurse mittels reitender oder fahrender Postboten.
Wenig später folgte dieser Karte die Aufstellung der Postmeilensäulen.
Kolorierter Kupferstich von Moritz Bodenehr, 1730.
Maßstab etwa 1 : 333 000. Staatsarchiv Dresden

über hinwegzutäuschen, daß nun andere Gegensätze und Rivalitäten um so stärker in den Vordergrund traten.

Die Besichtigung des Leibregiments der »Langen Kerls« in Potsdam und vor allem die Parade und das Exerzieren von 16 000 Mann Militär auf dem Tempelhofer Feld veranlaßten August II. dazu, seinerseits die Militärreform abzuschließen und die Rüstungen zu forcieren. War es unter diesen Umständen verwunderlich, daß der Wettiner nun in die direkte Vorbereitung des zwei Jahre später stattfindenden Lagers von Zeithain eintrat? Der Besuch dieses Manövers seitens des Preußenkönigs und seiner Militärs hinterließ nachweislich einen großen Eindruck und überzeugte Friedrich Wilhelm von der Schlagkraft der sächsischen Armee. Dies dürfte nun wiederum Veranlassung gewesen sein, daß der Preuße seinerseits die militärischen Kräfte bedeutend verstärkte. Als August II. auch noch 1732 das Manöver von Czerniachów ganz in der Art des Zeithainer Lagers durchführte und für 1733 einen polnischen Reichstag vorbereitete, von dem man im Ausland – also auch in Brandenburg-

Manöver in Sachsen

Exerzieren in Berlin

Preußen – meinte, der Wettiner wolle die Verfassung in Polen gewaltsam ändern, schickte der Preußenkönig zur Erkundung der Lage seinen Vertrauten, General Grumbkow, zu Verhandlungen mit August. Da August II. von seinen Polen betreffenden Plänen nicht abging, schrieb danach Friedrich Wilhelm enttäuscht und verärgert: »Der Patron stellet sich an, als wenn er es mit mir ehrlich meinet. Einmal hat er mir düpieret, zum andern Mal bekommet er mir wieder nit. Ich bin die Düppe (der Getäuschte) von seiner Freundschaft gewesen. Ich habe mir eingebildet, daß er so redlich wäre als ich. Enfin es ist geschehen.«[67] Und auch der Kronprinz Friedrich hegte nun gegen August die »größte Aversion«. Damit wurde immer deutlicher, daß es einen wirklichen Interessenausgleich zwischen Brandenburg-Preußen und Sachsen auf der Grundlage der jeweiligen absolutistischen Politik nicht geben konnte. Die kriegerischen Auseinandersetzungen in der Zukunft warfen ihre Schatten voraus.

Weit häufiger als von Dresden nach Leipzig oder Berlin reiste König August II. von Sachsen nach Polen. Gestützt auf Teile der sächsischen Armee, begab er sich das erste Mal nach Warschau, nachdem er zum König gewählt worden war. Alles ging damals Schlag auf Schlag: Am 15. Juni 1697 kam er von Wien, wo er seine Konversion vollzogen und mit der kaiserlichen Regierung über seine Kandidatur verhandelt hatte. Zwei Tage später inspizierte er in Dresden ein Regiment Dragoner, die Leibgarde zu Pferde und weitere Einheiten. Fünf Tage darauf erfolgte die Zusammenkunft mit seinen Geheimen Räten, und am gleichen Tag, dem 22. Juni, ging die Fahrt bereits nach Görlitz, um hier, gleichsam auf dem Sprung stehend, die Königswahl abzuwarten, die am 27. Juni 1697 erfolgte. Daraufhin überschritt der König mit seiner Armee die Grenze nach Polen. Erst Anfang August folgte seine »Hofstadt« mit Beamten, Dienstpersonal, Kleidung und Mobiliar. In den ersten Jahren seiner Herrschaft blieb der Kurfürst-König meist für längere Zeit in seinem Königsland. Es galt, seine Herrschaft zu sichern, die ja nicht unumstritten gewesen ist, und im Krieg war seine Anwesenheit als Oberbefehlshaber der Armee ohnehin erforderlich. Die militärische Überlegenheit seines schwedischen Gegners jagte ihn kreuz und quer durch das Land. Ein schwedischer Autor karikierte ihn deshalb als »König mit der Krone im Reisekoffer«.[68]

Als August nach den Jahren des erzwungenen Thronverzichts wieder nach Polen zurückkehrte, reiste diesmal seine »Hofstadt« einen Tag vor ihm ab. Er folgte am 12. August 1709 nach, ging bei Schiedlow über die Oder, um von nun an mit seiner Armee die Strecke bis Thorn in Etappen zurückzulegen. Hier in Polen traf er diesmal mit Zar Peter I. zusammen. Am 14. November war August bereits wieder in Dresden.

Bei seinen Reisen, die der König unbeeinflußt von Kriegsereignissen unternahm, folgte er zwei Reiserouten. Die von ihm bevorzugte Route entsprach dem »Breslauer Post-Cours«: Dresden – Bautzen – Görlitz – Liegnitz – Breslau – Wartenberg – Widawa – Petrikau – Wolbórz – Rawa – Warschau. Weniger häufig wurde die nördliche Strecke befahren: Warschau – Łowicz – Sobota – Kalisch – Lissa – Fraustadt – Glogau – Sagan – Muskau – Königsbrück – Dresden. Die sich immer enger gestaltenden Beziehungen zwischen Sachsen und Polen führten bald zu regelmäßigen Postverbindungen, in die auch die Hauptstädte beider Länder einbezogen wurden. Adel und Beamte des Dresdner und des Warschauer Hofes haben sie eifrig genutzt.

Im Jahr 1696 trat Georg Hermann Edler von Holtzbrink in sächsische Dienste. August hatte

Augusts Reisen nach Polen

Reiserouten des Königs

Einseitige Medaille mit einem Altersbildnis Augusts des Starken.
Das Antlitz des sechzigjährigen Kurfürst-Königs ist offensichtlich von Krankheit gezeichnet.
Eingefallene Gesichtszüge und tiefe Falten um Mund und Augen zeigen
einen zwar immer noch kämpfenden und große Ziele verfolgenden Monarchen,
der aber auch skeptisch und etwas müde die Weltereignisse betrachtet.
Silbermedaille, Fichler zugeschrieben, um 1730–1733.
Staatliche Kunstsammlungen Dresden, Münzkabinett

ihn in Wien kennengelernt und ihm zwei Jahre später das polnische Postprivileg übertragen. Holtzbrink, der seine Bildung in Bremen, Köln und Amsterdam erhalten hatte, modernisierte das sächsisch-polnische Postwesen, wenn er auch eine Zeitlang infolge von Intrigen von seinem Herrn auf den Königstein verbannt wurde. Zu dieser Zeit waren bereits die ersten regelmäßig befahrenen Postkurse zwischen Dresden, Warschau, Krakau und Thorn eingerichtet. Der Leipziger Postsekretär Eschert gab 1703 das erste Postbuch für Sachsen heraus, worin fünf Fahrposten von Leipzig und Dresden nach Warschau und Thorn enthalten gewesen sind. Als Reitpost führten diese dann weiter nach Petersburg und Moskau.

Postverbindungen Sachsen – Polen

Im Jahre 1708 erschien in Kursachsen ein Mandat, wie sich Gast- und Schankwirte, die besonders an der »Hohen Straße«, einer Hauptverbindungslinie zwischen Polen, Schlesien und Sachsen lagen, gegen Reisende aus Polen und Schlesien zu verhalten hätten. Es galt als Pflicht für Fuhrleute, die Straßengerechtigkeit einzuhalten, denn die »Hohe Straße« (Lauban, Görlitz, Bautzen, Kamenz, Königsbrück, (Großen-) Hain, Leipzig) war für Sachsen und die Leipziger Messe lebenswichtig. Andererseits wurde dadurch die Benutzung aller Nebenwege, beispielsweise durch die Niederlausitz, strengstens verboten. Das Mandat zielte dahin, allen Beschwerden von Handels- und Fuhrleuten entgegenzuwirken, die über schlechte Versorgung und

Aufbahrung des Leichnams von August dem Starken in Warschau.
Der Wettiner war trotz seines außerordentlich schlechten Gesundheitszustandes am 10. Januar 1733 nach Warschau aufgebrochen.
Nach seinem Treffen mit dem Abgesandten des preußischen Königs in Krossen kam er am 16. Januar,
bereits vom nahenden Tod gezeichnet, in Warschau an.
Am frühen Morgen des 1. Februar 1733 starb der sächsische Kurfürst und polnische König,
den Gottsched pries »als der deutschen Fürsten Schmuck, die Lust der halben Welt,
den Vater seiner Untertanen, einen sächsischen Trajan«.
Zehn Tage wurde Augusts Leichnam in Warschau aufgebahrt und dann in feierlicher Prozession nach Krakau übergeführt.
Aber erst nahezu ein Jahr später fand die Beisetzung in der Kathedralkirche des Krakauer Wawel statt.
Augusts Herz kam in Erfüllung seines Letzten Willens in einer silbernen,
innen vergoldeten Kapsel in seine Geburtsstadt am Elbstrom zurück.
Wasserfarbenzeichnung von Johann Daniel von Jauch, 1733.
Staatsarchiv Dresden

Unsauberkeit in den Schenken häufig klagten. Aus diesem Grund enthielt es die Forderungen, größte Reinlichkeit in den Räumen, besonders in den Betten, zu halten und ordentliche Mahlzeiten und Speisen zu bieten, immer mit Lebensmitteln, Getränken und Viehfutter bevorratet zu sein. Eine Tax- und Benutzungsordnung sollte in den Städten öffentlich angeschlagen werden, ebenso die Preisliste für das Mieten der Pferde und die Stallgebühren sowie die Kosten für das Viehfutter. Unnötige Aufenthalte für Reisende und Fuhrleute waren genauso verboten wie das Beherbergen von verdächtigen Personen.

Sächsisch-Polnische Post-Ordnung

Fünf Jahre später, im Juli 1713, erließ August II. die kurfürstlich-sächsische und königlich-polnische Postordnung mit 72 Bestimmungen, deren wichtigste ebenfalls den Reiseverkehr betrafen. Die Aufgabe dieser Ordnung bestand in der reibungslosen, geregelten und gesicherten Personenbeförderung. Danach sollten an den Hauptstraßen liegende Posthäuser durch entsprechende Hausschilder kenntlich gemacht und Postberichte, die Abgangs- und Ankunftszeiten der Postwagen auswiesen, ausgehängt werden. Die Postmeister erhielten die Erlaubnis, für Reisende Verpflegung und Unterkunft zu bieten. Zu ihren unbedingten Pflichten gehörte die Bereithaltung von Pferden und Futtervorräten. Der Postpferdebestand zählte 1722 für Ordinari- und Extraposten in Sachsen und der Lausitz 1123 Tiere. Den Postillionen gestattete man, wenn nötig, Nebenwege zu benutzen und Privatgrundstücke zu durchfahren. Stadttore und Schlagbäume mußten ihnen unverzüglich geöffnet werden. Uniform, Posthorn und Wappenschild galten als ihre Dienstinsignien, ihre Hüte trugen auf der Vorderseite die kurfürstlich-königlichen Initialen »AR«.[69] Diese augusteische Postordnung galt fast 150 Jahre, denn erst das Postgesetz von 1859 löste sie ab.

Zürners »Post Charte«

Während Adam Friedrich Zürner seinen »Atlas Augustaeus Saxonicus« nicht veröffentlichen durfte, weil er zu viele wichtige Informationen enthielt, vermochte er mit Augusts ausdrücklicher Erlaubnis seine »Neue Chur Saechsische Post Charte« 1719 zu drucken und für einen Taler zu verkaufen.[70] Der König hat fast bis an sein Lebensende den Verkehrsverhältnissen und den Postverbindungen große Aufmerksamkeit gewidmet. Noch im Jahre 1731 schrieb er eigenhändig Bemerkungen zu Postverbindungen zwischen Sachsen und Polen nieder und machte Vorschläge, welche Straßenführung »geschwindrer« von der Grenze bei Krossen entweder in Richtung Dresden oder nach Warschau führte.[71]

Augusts letzte Reisen

Am 18. August 1732 fand das Manöver von Czerniachów sein Ende. Der König hatte es wegen seiner Krankheit und der zunehmenden Fußbeschwerden nur noch sitzend beobachten können. Sein allgemeiner Gesundheitszustand verschlechterte sich immer mehr. Trotzdem fuhr er Ende Oktober wieder nach Dresden, besuchte den Königstein, beging ein fröhliches Hubertusfest in Moritzburg, reiste zwischendurch nach Leipzig zur Neujahrsmesse und nahm danach auch noch an den Karnevalsvergnügungen in der Dresdner Residenz teil, als wollte er noch einmal alle Genüsse seines Lebens auskosten. Diese auch nach Berlin gelangten Nachrichten hatten Friedrich Wilhelm von Preußen veranlaßt, im Dezember 1732 in einem Brief zu schreiben, daß August »so wohl und gesund ist wie ein junger, neuer Adler«[72]. Doch die Wirklichkeit sah leider anders aus. Der König wollte zurück nach Polen. Gegen die Bedenken seiner engeren Umgebung soll er geäußert haben: »Ich fühle die mir drohende Gefahr, doch bin ich verpflichtet, mehr bedacht zu nehmen auf meine Völker als auf meine Person.«[73]

Am 10. Januar 1733 begann die Reise von Dresden nach Warschau, die seine letzte werden sollte. Außer Leibärzten und Bediensteten begleitete ihn nur noch Graf Heinrich von Brühl. In Krossen an der Oder traf August nochmals den Abgesandten des Preußenkönigs, Wilhelm von Grumbkow, der ihn über seine künftigen politischen Pläne gegenüber Frankreich, Österreich, Polen und der »Pragmatischen Sanktion« aushorchen sollte. In seinem Bericht darüber schrieb Grumbkow zum Zustand Augusts: »Dann betraten wir sein Zimmer. Er war so schlecht zu Fuß, daß er auf mich fiel. Ohne einen Schrank, an den ich mich hielt, wären wir beide hingefallen. Ich setzte ihn auf einen Stuhl, und er gab mir die Hand: Nun wie stehet es? Was macht der Compatron?«[74] Trotzdem verhandelten die beiden Politiker noch einige Stunden miteinander bei reichlichem Essen und noch größeren Mengen Wein.

Tod des Königs in Warschau

Am darauffolgenden Tag wurde die Reise fortgesetzt. Auf der letzten Etappe erlitt der König mehrere schwere Ohnmachtsanfälle. Geistesabwesend kam er in Warschau an. Zunehmende körperliche Schwäche ließ ihn kaum noch das Krankenbett verlassen. Am 1. Februar 1733 gegen vier Uhr früh gab er den Umstehenden seinen Segen, »drückte sich selbst mit der einen Hand die Augen zu und verschied«[75]. Auf den Tag ein Jahr später fanden in Krakau die Beisetzungsfeierlichkeiten statt. Während seine Leiche in Polen blieb, brachte man das Herz des Königs auf seinen Wunsch hin in einer silbernen und innen vergoldeten Kapsel nach Dresden.

HOF UND REGIERUNG AUGUSTS DES STARKEN
IM URTEIL DER NACHWELT

DER auf dem Wallpavillon des Zwingers thronende »Hercules Saxonicus«, der die Weltkugel auf seinen Schultern trägt, versinnbildlicht den internationalen Machtanspruch der sächsisch-polnischen Union, die – vor allem wirtschaftliche – Kraft Sachsens und das Vorbild Augusts II. für den vollkommenen Herrscher, den Kurfürsten und König als den Schutzherrn und Förderer der Musen und der Wissenschaften und nicht als den Krieger oder Feldherrn. Reduziert man diese symbolisch interpretierte und der Mode der Zeit verpflichtete Übersteigerung auf die bleibende geschichtliche Leistung des Wettiners, so haben selbst jene Männer, die ihn aus der zeitlichen Distanz und aus dem Wissen um die Niederlage Sachsens in den Kriegen Friedrichs II. beurteilten, ihm eine wohlwollende Anerkennung zukommen lassen. Besonders der um den Wiederaufbau Sachsens so verdiente Konferenzminister Thomas Fritsch urteilte in einem Vortrag vom 23. November 1763 über die Ergebnisse der Regierungspolitik dieses Kurfürst-Königs folgendermaßen: »Sachsen war die letzten 10 Jahre der Regierung Augustus II. in dem besten Zustand, in welchem es jemahls gewesen und dieses großen Königs onermüdete Arbeit ginge dahin, es noch immer weiter zu bringen. Die Armee war näher 30 000 Mann stark, mit allen Requisitis wohl versehen und der König war bedacht, die onumgänglich nötigen Projecte zeigen zu müssen, welche annoch vorhanden. Die Finanzen waren in der besten Ordnung, wie annoch die, auch wegen des Hofaufwandes, unter seiner genauen Aufsicht gefertigten Reglements bezeigen. Alle Collegien waren, jedes unter seinem besonderen Chef, wohl besetzt und mit guten, aber nicht übrigen Subalternen versehen. Bey dieser innerlichen guten Verfassung Sachsens war die Achtung in und außerhalb des Reiches groß und sich auf alle Fälle viel Gutes zu versprechen. Wenn auch nach dem Tode dieses großen Königs die Polnische Wahl Geld und Volk gekostet, so waren doch die Mersburgischen und Weißenfelsischen Anfälle vermögend, bey der eintretenden Ruhe alles zu ersetzen und die Kräfte zu vermehren . . .

Und nun die Sachsen wieder in eine mögliche Ordnung zu bringen, ist kein anderes Mittel, als bedacht zu sein, es dahin einzuleiten, wo es Augustus II. gelassen und sich zu bemühen, die von ihm verbesserte Verfassung herzustellen.«[76]

Randglossen: »Hercules Saxonicus«

Thomas Fritschs Urteil

Thomas Fritsch, sächsischer Konferenzminister.
Gemälde von Anton Graff, 1772.
Kunstsammlungen der Karl-Marx-Universität, Leipzig

Die Hauptursache für den Machtverfall Sachsens nach dem Tod Augusts II. 1733 sah Fritsch gemeinsam mit zahlreichen anderen Zeitgenossen darin. »Allein der auf das höchste getriebene Luxus des Hofes und der unumschränkte Einfluß zweyer unersätlicher Favoriten vereitelte alles Gute.«[77] Mit den »unersätlichen Favoriten« waren der Konferenzminister Alexander Joseph Fürst von Sulkowski und der Premierminister Graf Heinrich von Brühl gemeint. Sie also sind

es nach Thomas Fritsch gewesen, die das Erbe des Monarchen weder zu verwalten noch zu mehren vermochten.

Die moralische Verurteilung Augusts und seines Hofes erfolgte erst durch die Historiker des 19. Jahrhunderts. Sie bezeichneten die Erwerbung der polnischen Krone, die Verschwendung und Günstlingswirtschaft als das Unglück für Sachsen. Vielleicht war diese Einstellung auch die Ursache dafür, daß zum hundertsten Todestag im Februar 1833 kaum bemerkenswerte Arbeiten über das Wirken dieses Wettiners in Sachsen erschienen. Es konnte auch kein Zufall sein, daß 1839 der preußische Hofrat Friedrich Förster in einem seiner Bücher über die »Höfe und Cabinette Europas im 18. Jahrhundert« gleich einem Fallbeil den Hieb eines publizistisch-undifferenzierten Verdammungsurteils gegen August II. ausführte. Für Förster war dessen Regierung eine verderbte Zeit des Leichtsinns und der Sittenlosigkeit, des Unrechts und des Übermutes. Doch lag diese jeglicher historischer Einsicht entbehrende Entgleisung in erster Linie an den veränderten Gesellschaftszuständen des 19. Jahrhunderts, in denen die Ablehnung feudaler Verhältnisse durch die liberalen bürgerlichen Historiker wurzelte. Sie ließen an Hof und Regierung Augusts des Starken von Sachsen-Polen kaum noch einen guten Faden.

Mit Entschiedenheit verurteilte der aus Friesland stammende Heidelberger Ordinarius Friedrich Christoph Schlosser auf Grund seiner bürgerlich-liberalen Gesinnung die Herrschaft absolutistischer Könige wie August II. von Polen, Friedrich IV. von Dänemark und Friedrich I. von Preußen. Nach Schlosser waren das Könige »des Hofs und des Adels, der sich, wie sie, durch thörichten Prunk zu Grunde richtete, ... Könige der glänzenden Hofhaltung, von der sie umgeben waren, nicht des Volks, das sie aussogen; nichtsdestoweniger stand dieses damals noch auf einer Stufe, auf der es träumend und gaffend ohne Nachdenken die Feste und den Glanz bewunderte, den es mit seinem Schweiße bezahlen mußte, von denen alle Zeitungen voll waren. ... Der deutsche Bürgersmann und wer sonst aus dem Jammer jener Zeit in den damals herrschenden Pietismus flüchtete, glaubte treuherzig, Verschwendung und Ausschweifung seien den höheren Ständen nach göttlichem Rathschluß zuge-

Friedrich Förster

Eduard Vehse

Heinrich von Treitschke

Friedrich Christoph Schlosser

Preußenkönig Friedrich II.

teilt, man ärgerte sich darüber nicht mehr; das Volk bildete sich nach den Höfen und dem Adel.«[78]

Die Reihe der Historiker, die August und seinen Hof mehr oder weniger mit immer wiederkehrenden gleichen Argumenten verurteilte, wäre noch um etliche zu vermehren, darunter auch durch Eduard Vehse, der über die »Geschichte der deutschen Höfe seit der Reformation« fast 50 Bände veröffentlichte und dabei die »Höfe des Hauses Sachsen« speziell mit mehreren Büchern aus großenteils intimer Kenntnis der Dresdner Archivquellen bearbeitete. Genauso wie Vehse bezeichnete sich auch Heinrich von Treitschke »als guter Sachse«, nur mit dem Unterschied, daß sich dieser aus Sachsen stammende Preuße in Verdikten erging, die kaum seinesgleichen haben. So beklagte er in einem Brief an den Historiker Gustav Freytag, daß dieser »meinen angestammten albertinischen Sodomiter nicht noch ein wenig niederträchtiger dargestellt« hatte, und der Brief an Emanuel Geibel enthielt das Bekenntnis Treitschkes, daß er immer einen »ehrlichen Ekel empfunden hatte vor den polnischen Augusten«, so daß er dann in seiner »Deutschen Geschichte des 19. Jahrhunderts« mit »seinem Albertiner« noch schärfer ins Gericht ging.[79]

Aber war die jeglicher objektiven Geschichtsbetrachtung Hohn sprechende politische und moralische Verurteilung Augusts II., seiner Regierung und seines Hofes nur in den historiographischen Positionen und weltanschaulichen Überzeugungen dieser Historiker und Publizisten zu suchen? Hing dies nicht auch mit der zunehmenden Idealisierung und Überbewertung der preußischen Geschichte sowie mit der Verherrlichung ihrer Monarchen, besonders jedoch Friedrichs II., zusammen? Denn gerade an zahlreichen Stellen seines umfangreichen schriftstel-

157

lerischen Werkes war der Haß auf sächsische Politiker, insonderheit auf August II. und den Grafen von Brühl, unüberhörbar und der Wunsch, Sachsen gänzlich für Brandenburg-Preußen zu annektieren, unverkennbar. Hatte Friedrich II. bereits im ersten und zweiten Schlesischen Krieg die militärische, politische und wirtschaftliche Bedeutung Sachsens für Preußen erkannt und alles darangesetzt, den Durchmarsch seiner Truppen erst »legal« zu fordern, um dann ein reichliches Jahr später die Chance der Besetzung für die Erpressung von hohen Kontributionen zu nutzen. Diese Politik, unterstützt durch die Spionage-Informationen des seit 1752 in seinem Sold stehenden Kanzlisten Friedrich Wilhelm Menzel im sächsischen Kabinettsministerium, entsprach ganz den Gedanken des Preußenkönigs in dessen »Politischem Testament« von 1752. Von allen Provinzen in Europa, so schrieb er darin, gäbe es keine, die besser zur Abrundung seines Staates passen würde als Sachsen (ferner nannte Friedrich noch Polnisch-Preußen und Schwedisch-Pommern). Er begründete dies folgendermaßen: »Sachsen indessen ist die nützlichste; es würde die Grenze am weitesten hinausrücken und Berlin decken, diesen Mittelpunkt des Reichs, wo sich die königliche Familie, der Staatsschatz und alle höchsten Justiz- und Finanzbehörden sowie die Münze befinden; diese Hauptstadt, zu weitläufig, um verteidigt werden zu können, und die Festungsmauern geschleift durch einen Fehler meines Vaters. Sachsen würde dieser Schwäche der Hauptstadt abhelfen und sie doppelt decken durch die Elbe und die Berge, die es von Böhmen trennen.«[80]

Außerdem entwickelte Friedrich darin noch Gründe, welche politische Situation »diese Eroberung erleichtern würde«. Den »Vorwand, in Sachsen einzumarschieren, um die Armee zu entwaffnen und sich im Lande festzusetzen«, kurz:

Sachsen – Beute für Preußen?

Sachsen zu »unterjochen«, fand der Preußenkönig vier Jahre später, nachdem er dies niedergeschrieben hatte. Nun, im Siebenjährigen Krieg, folgte die radikale Ausplünderung Sachsens, gestützt auf die militärische Macht: Friedrich hat seinen Gewinn selbst auf 40 bis 50 Millionen Taler beziffert. Der Gesamtverlust für Sachsen betrug mehr als das Doppelte. An dem Ziel, der Annexion dieses für Friedrich von Preußen so begehrten Landes, hielt er auch noch in seinem »Politischen Testament« von 1768 fest. Er fand, »daß das Land, welches am besten zu uns paßt, Sachsen ist: es würde uns abrunden, es würde die Hauptstadt gegen Einfälle der Österreicher schützen. Es ist bereits mit unserm Handel verknüpft und würde, wenn mit uns verbunden, dem Staat die größten Vorteile bringen.«[81]

Daß Brandenburg-Preußen Sachsen nicht schon am Ende des Siebenjährigen Krieges annektieren konnte, war nur der Tatsache zu danken, daß Friedrichs Verbündete diese Annexion zu verhindern entschlossen gewesen sind. Vergessen wurde die verpaßte Gelegenheit auf seiten Preußens nicht. Dies sollte sich ein halbes Jahrhundert später zeigen. Während das militärische friederizianische Erbe im Fiasko der Schlacht von Jena und Auerstedt endete und der Staat seine Rettung nur den preußischen Reformern verdankte, harrte Sachsen auf der Seite des Kaisers Bonaparte bis zum bitteren Ende aus. Es bekam infolge des Wiener Kongresses im Preßburger Vertrag vom 18. Mai 1815 die Rechnung präsentiert: Preußen vermochte zwar auch jetzt noch nicht das benachbarte Königreich gänzlich zu vereinnahmen, aber 58 Prozent des sächsischen Staatsterritoriums mit der knappen Hälfte seiner Einwohnerschaft von ehemals über zwei Millionen Menschen gewann es nun doch.

Damit war der über ein Jahrhundert andauernde Konkurrenzkampf zugunsten Preußens entschieden. Rest-Sachsen entwickelte sich dank günstiger Wirtschaftsfaktoren und der zügig verlaufenden industriellen Revolution sowie der revolutionären Bewegungen von 1830 zu einem der am weitesten vorangekommenen deutschen Industrieländer und zur konstitutionellen Monarchie mit einer starken Bourgeoisie und einer ebenso kräftigen Arbeiterbewegung.

Als deutscher Mittelstaat befand sich Sachsen zunächst politisch auf der Seite Österreichs, um so lange wie möglich eine selbständige Stellung zu behaupten. Damit aber stand es auf antipreußischer Position und gegen die kleindeutsche Lösung der Reichseinigung. Der Krieg von 1866 brachte den Sieg Preußens, und die Politik Bismarcks zwang die Sachsen zunächst in den Norddeutschen Bund und fünf Jahre später in das preußisch-deutsche Reich. Als 1889 die achthundertste Wiederkehr der Belehnung der Wettiner mit der Mark Meißen in einer Festwoche triumphal gefeiert wurde, rühmte man diese als »so etwas Prächtiges«, was »Dresden seit der Zeit Augusts des Starken« nicht mehr gesehen hätte, nicht achtend der Tatsache, daß die gesellschaftlichen Grundlagen der augusteischen Festkultur einer fernen Vergangenheit angehörten.[82]

Hof, Regierung und Kultur Augusts des Starken ließen sich kaum mit den Verhältnissen der sächsischen Monarchie im 19. Jahrhundert vergleichen. Denn jetzt war der Hof nur noch ein historisches Relikt und bloßes kümmerliches Beiwerk für eine Institution, die ihre gesellschaftliche Existenzberechtigung bereits verlor. August II. hatte jedoch den Hof durch sein Wirken zu einem innen- und außenpolitischen Machtfaktor gestaltet, der ein hohes internationales Ansehen genoß. Er hatte es trotz vieler Schwierigkeiten und Gegensätze verstanden, selbst die widerstrebendsten Kräfte des Adels für seine absolutistische Politik zu nutzen. Das aus den Erfahrungen seiner ersten zehn Regierungsjahre geschriebene »Politische Testament« beabsichtigte die Stabilisierung seiner Herrschaft und empfahl, den Adel und das Bürgertum gleichermaßen für die Errichtung des Absolutismus in Anspruch zu nehmen.

Den bürgerlichen Kräften in Kursachsen gestattete der Kurfürst-König breite Entfaltungsmöglichkeiten in Politik, Wirtschaft und Kultur, wie sie in anderen deutschen Territorialstaaten zu dieser Zeit kaum zu finden gewesen sind. Hoffestlichkeiten, Kunst und Kultur galten für August den Starken in hervorragendem Maße als Bestandteile absolutistischer Politik. Hier wirkte er mit seinen Begabungen und Initiativen, Interessen und Ideen anregend und mitgestaltend. Viele geniale Künstler spornte er zu außergewöhnlichen Leistungen an, damit sie ihre und seine eigenen Ambitionen verwirklichten. Dabei gewährte er den Künstlern große Freiheiten zur Entfaltung ihrer Begabungen und bei der Ausführung ihrer Werke. Die von August dem Starken angeregten und von ihnen geschaffenen Bau- und Kunstwerke, die königlichen Sammlungen und die vom Monarchen selbst ausgeprägte Festkultur sind jene Zeugnisse augusteischer Zeit, die auf die Nachwelt am beeindruckendsten wirken, so daß sie bis auf den heutigen Tag lebendig geblieben sind.

STAMMBAUM AUGUSTS DES STARKEN

JOHANN GEORG I.
(1585–1656)
Kurfürst von Sachsen (1611–1656)
1. Ehe: Sibylla Elisabeth von Württemberg (1584–1606)
2. Ehe: Magdalena Sibylla von Brandenburg (1586–1659)

JOHANN GEORG II.
(1613–1680)
Kurfürst von Sachsen (1656–1680)
Ehe: Magdalena Sibylla von Brandenburg-
Bayreuth (1612–1687)

FRIEDRICH III.
(1609–1670)
König von Dänemark (1648–1670)
Ehe: SOPHIE AMALIE von
Braunschweig-Lüneburg (1628–1685)

JOHANN GEORG III. ——————
(1647–1691)
Kurfürst von Sachsen (1680–1691)

—— Ehe: ANNA SOPHIA von Dänemark
(1647–1717)

JOHANN GEORG IV.
(1668–1694)
Kurfürst von Sachsen (1691–1694)
Ehe: Eleonore Erdmuthe Luise von Sachsen-
Eisenach, Witwe des Markgrafen Johann
Friedrich von Brandenburg-Ansbach
(1662–1696)

FRIEDRICH AUGUST I., ——————
gen. AUGUST DER STARKE (1670–1733)
Kurfürst von Sachsen (1694–1733)
als August II. König in Polen (1697–1733)

—— Ehe: CHRISTIANE EBERHARDINE
von Brandenburg-Bayreuth
(1671–1727)

FRIEDRICH AUGUST II.
(1696–1763)
Kurfürst von Sachsen (1733–1763)
als August III. König in Polen (1733–1763)

Mätressen und ihre Nachkommen:

AURORA
Gräfin von Königsmarck
(1668–1728)
Sohn: Moritz von Sachsen
(1696–1750)

FATIMA
Frau von Spiegel
(1681–?)
Sohn: Friedrich August
(1702–1764)
Tochter: Katharina
(1706–?)

URSULA KATHARINA
VON BOCCUM
Gräfin von Lubomirska,
Fürstin von Teschen
(1680–1730)
Sohn: Johann Georg
(1704–1774)

ANNA CONSTANTIA
VON BROCKDORF
Gräfin Cosel
(1680–1765)
Tochter: Augusta Constantia,
Gräfin von Friesen
(1708–1728)
Tochter: Friederike Alexandra,
Gräfin von Mosczynska
(1709–1784)
Sohn: Friedrich August
(1712–1770)

HENRIETTE RÉNARD
(?–?)
Tochter: Anna Catherina,
Gräfin Orczelska
(1707–1769)

ZEITTAFEL

AUSSEN- UND INNENPOLITIK	HOFLEBEN	KUNST UND KULTUR
1656–1680 Kurfürst Johann Georg II. regiert im albertinischen Kursachsen.		
	1670 Friedrich August als Sohn Johann Georgs (III.) und der dänischen Prinzessin Anna Sophie in Dresden geboren.	
		1674–1676 Errichtung des Schloßturmes durch Caspar von Klengel.
1677 Friedrich August spielt zur Karnevalszeit in einer Komödie die Rolle eines Dieners und Hanswursts.
	1678 Familienzusammenkunft der Wettinischen Fürstenfamilien in Dresden, der junge Friedrich August nimmt daran teil.	
1685 Vergleich mit Hessen um die Ämter Frauensee und Landeck. Ein Teil von Treffurt fällt an Kursachsen.		1685 Ein unbekannter Meister gestaltet das Jugendbildnis von Friedrich August.
	1686 Kurfürstin Anna Sophie reist mit ihrem Sohn Friedrich August nach Dänemark.	
	1687–1689 Kavalierstour Friedrich Augusts nach Frankreich, Spanien, Portugal, Italien und Österreich.	
1689–1691 Friedrich August beteiligt sich an verschiedenen Feldzügen im Krieg gegen Frankreich.		
	1690/91 Während einer Krankheit schreibt Friedrich August an einem Roman, der unvollendet bleibt.	
1691 Tod Johann Georgs III. Friedrich Augusts Bruder Johann Georg IV. wird Kurfürst.		
	1693 Friedrich August heiratet Christiane Eberhardine von Brandenburg-Bayreuth.	
	1693/94 Friedrich August I. unternimmt eine weitere Reise nach Italien.	
1694 Tod des Bruders. Friedrich August wird Nachfolger als Kurfürst. Zusammenkunft des Landtages.		1694 Andreas Gärtner wird Hofmechanicus und Modellmeister.
1695 Friedrich August erhält den Oberbefehl über das kaiserliche Heer im Kampf gegen die Türken.		1695 Friedrich August gestaltet die ersten Karnevalsfeste als Kurfürst in Dresden.

1696 Nach der ersten Versammlung der sächsischen Stände beruft Friedrich August einen ständigen Ausschußtag ein, um absolutistische Forderungen durchzusetzen.
Tod des polnischen Königs Johann III. Sobieski. Bewerbung Friedrich Augusts um die Krone Polens.

1697 Wahl und Krönung Kurfürst Friedrich Augusts I. zum König August II. in Polen.
Einsetzung des Fürsten Anton Egon von Fürstenberg zum Statthalter in Kursachsen.
Nach dem Übertritt des Kurfürsten zum Katholizismus Garantieerklärung für die Beibehaltung der protestantischen Religionsverhältnisse in Sachsen.

1699 Koalition von Sachsen-Polen, Dänemark-Norwegen und Rußland gegen Schweden.
Friede zu Karlowitz zwischen Kaiser und Reich mit den Türken.

1700 Beginn des Nordischen Krieges. August II. eröffnet den Krieg gegen Schweden und Livland.
Abbruch der 1697 begonnenen Generalrevision, die die Beseitigung der Mißstände in der Steuer- und Finanzverwaltung zum Ziel hatte.

1702 Sieg der Schweden über das sächsisch-polnische Heer bei Kliszów.

1704 August II. wird auf Drängen Karls XII. durch die Generalföderation in Polen entthront und Stanisław Leszczyński zum neuen König gewählt.
Errichtung des Geheimen Kabinetts in Sachsen durch August II.

1696 Geburt des Sohnes und Kurprinzen Friedrich August; fast gleichzeitig bringt die Mätresse Aurora von Königsmarck den Sohn Moritz zur Welt.

1699/1700 Versuch König Augusts, den Hofstaat von Dresden und Warschau miteinander zu vereinen.
Landtag in Dresden in Verbindung mit Karnevalsfesten.

1701 Neues »Hoff-Reglement« bestimmt die derzeitigen Hofämter.
Großbrand im Dresdner Schloß, der den Ostflügel und einen Teil des Nordflügels mit dem Riesensaal zerstört.

1702 Geburt von Friedrich August, Sohn Augusts II. und der Fatima.

1704 August II. lernt Anna Constantia von Hoym, die spätere Gräfin Cosel, kennen. Ihre gemeinsamen Kinder:
Augusta Constantia (1708−1728)
Friederike Alexandra (1709−1784)
Friedrich August (1712−1770)

1696 Errichtung des kleinen Komödienhauses für eine französische Schauspielertruppe in Dresden.

1697 Neuordnung der Hofkapelle in zwei Musikergruppen: die »Churfürstlich Sächsische Capell- und Cammer Musique« sowie die »Protestantische Hofkirchenmusik«.

1699 Johann Friedrich Karcher wird Oberlandbaumeister, erweitert den Großen Garten in Dresden und errichtet ein Amphitheater.
Kauf von Giorgiones »Schlummernder Venus« für die Gemäldesammlung.
Einführung des Gregorianischen Kalenders (gültig ab 1. 3. 1700).

1701 August II. erwirbt das Goldene Kaffeezeug von Johann Melchior Dinglinger.

1704 Matthäus Daniel Pöppelmann beginnt mit Entwürfen für ein neues Schloß in Dresden.

1704   Durch das »Portrait de la cour de Pologne« erhält August II. die Bestätigung für Mißstände am Hof.
Geburt von Johann Georg, Sohn Augusts II. und der Gräfin Lubomirska.

1705   August II. gibt der Gräfin Cosel ein schriftliches Eheversprechen.
August schreibt ein »Politisches Testament« und eine Denkschrift für den Fall einer Neuwahl des Kaisers durch die Kurfürsten.

1706   Das sächsische Heer wird bei Fraustadt (Wschówa) geschlagen.
August II. muß auf die polnische Krone verzichten, Besetzung Sachsens durch die Schweden.

1706   Geburt von Katharina, Tochter Augusts II. und der Fatima.

1706   Beginn der Bautätigkeit Pöppelmanns auf der Festung Königstein.

1707   Geburt von Anna Cathérina, Tochter Augusts II. und der Französin Henriette Rénard.

1707   Umbau des Dresdner Opernhauses zur katholischen Hofkapelle.

1707–1709   Pöppelmann errichtet den Mittelteil des Taschenbergpalais für die Gräfin Cosel.

1709   Peter I. von Rußland schlägt die Schweden bei Poltawa.
Karl XII. flieht in die Türkei.
August II. erneuert sein Bündnis mit Peter I., kehrt nach Polen zurück und wird als König wieder anerkannt.

1709   Besuch des Dänenkönigs Friedrich IV. am Hof in Dresden. August II. gibt ihm zu Ehren mehrwöchige Festlichkeiten, bei denen die Gräfin Cosel eine herausragende Rolle spielt.
Besuch beider Könige am Hofe Friedrich Wilhelms I., König von Preußen. August II. als Taufpate der Wilhelmine Friederike Sophie von Preußen.

1709   Johann Friedrich Böttger meldet August II. die gelungene Herstellung von rotem und weißem Porzellan.

1710   Baubeginn im Zwinger unter Pöppelmann und Permoser.

1711   August II. nach dem Tod Kaiser Josephs I. Reichsvikar.
Karl VI. wird Kaiser, erläßt die Pragmatische Sanktion (1713), die August II. nicht anerkennt.

1711   Beginn der kartographischen Landesaufnahme in Sachsen durch Adam Friedrich Zürner.

1712   Graf von Flemming wird dirigierender Kabinettsminister.

1712   Gräfin Cosel fällt in Ungnade und wird in der Burg Stolpen inhaftiert.
Eine neue »Hoff-Ordnung« zeigt, daß sich der Hof Augusts II. beträchtlich erweitert hat.

1715   Die Konföderation von Tarnogród kämpft in Polen gegen August II. Oppositionsbewegung gegen ihn in Kursachsen.

1717   Der offizielle Übertritt des Sohnes Friedrich August zum Katholizismus ruft Empörung am Dresdner Hof und im ganzen Land hervor.

1717   Umbau des Holländischen Palais durch Pöppelmann.

1717 Tod der Königinmutter Anna Sophie

1717/18 Vervollständigung und Neu-
ordnung der königlichen Sammlungen.
August II. entwirft einen Plan für ein
Universalmuseum.

1718 Durch den Tod des Herzogs Moritz
Wilhelm von Sachsen-Zeitz fällt das
Sekundogeniturfürstentum an Kursachsen
zurück.
Tod Karls XII.

1718 Pöppelmann errichtet das neue
Opernhaus am Zwinger, mit etwa 2000
Plätzen der größte Theaterbau auf deutschem
Boden.

1719 Wiener Allianz zwischen Österreich,
Sachsen, Polen, Hannover und Großbritan-
nien gegen Rußland und Brandenburg-
Preußen.

1719 Vermählung des Kurprinzen
Friedrich August mit Maria Josepha,
Erzherzogin von Österreich, in Wien.
Vierwöchige Festlichkeiten in Dresden.

1719 Eröffnung des neuen Opernhauses.

1720–1725 Errichtung der Pillnitzer
Schloßbauten nach Entwürfen Pöppelmanns.

1721 Friede zu Nystadt zwischen Schweden und Rußland, das Livland erhält,
beendet den Nordischen Krieg.
August II. kann keinen territorialen Gewinn
erzielen.

1721 Festlichkeiten zum Karneval am
Dresdner Hof. Erscheinen eines Karnevalskalenders mit Spottgedichten und Karikaturen.
Geburt des Prinzen Friedrich Christian,
Sohn des Kurprinzen Friedrich August und
der Prinzessin Maria Josepha.

1721 Beginn der Reorganisation der
Kunstsammlungen.
Ausbau des Naturalienkabinetts.

1721–1728 Bau des Jagdschlosses
Hubertusburg für den Kurprinzen Friedrich
August unter Leitung von Johann Christoph
Naumann.

1722 Beginn der Heeresreform in Kur-
sachsen.
Verschärfung des Wirtschafts- und Zollkrie-
ges zwischen Brandenburg-Preußen und
Kursachsen.
Die Kommerziendeputation erarbeitet eine
Übersicht über alle in Kursachsen existie-
renden Manufakturen.

1722 August II. erhält den Orden zum
Goldenen Vlies.

1722 Beginn der Inventarisation der
Gemäldesammlung.
Aufstellung der ersten Postmeilensäulen
unter Leitung Zürners.

1723 Mandat gegen die Abwerbung
von Textilarbeitern und Fabrikanten aus
Kursachsen.

1723 Neugestaltung des Jagdschlosses
Moritzburg nach Ideen Augusts II.
Beginn der Errichtung des Grünen Gewölbes
mit veränderter Raumaufteilung.

1724 Beginn der Herausgabe des »Codex
Augusteus«, einer Sammlung von Gesetzen,
Verordnungen und Landtagsabschieden.

1725 Wiederbeginn der italienischen
Opernaufführungen in Dresden.
Karnevalsfestlichkeiten in Dresden und
Pillnitz.

1726 Durch den Vertrag zu Wusterhausen, in dem sich Preußen und Österreich verbünden, wird das Verhältnis zwischen Sachsen und Brandenburg-Preußen verschärft.

1728 Einführung einer neuen Landtagsordnung, die die Kompetenz der Stände weiterhin einschränkt.

1729 Formeller Friedensschluß zwischen Polen und Schweden.

1730 Das Zeithainer Lager bildet den Abschluß der augusteischen Heeresreform mit einer Armeestärke von 30 000 Mann.

1731 August II. entwickelt Gedanken über die Notwendigkeit weiterer Heeresvergrößerung.

1732 Verhandlungen zwischen August II. und dem preußischen Gesandten, Minister Grumbkow.
Kursachsen und Bayern verweigern die Garantien zur Pragmatischen Sanktion durch den Reichstag.

1733 Tod Augusts II. in Warschau. Sein Sohn wird Kurfürst als Friedrich August II.
Die Doppelwahl von Friedrich August II. und Stanisław Leszczyński löst den polnischen Thronfolgekrieg aus.

1726 August II. gründet eine »Rundtischgesellschaft« zur Diskussion vielseitiger Themen ohne Rücksicht auf höfisches Zeremoniell.

1727 Tod der Christiane Eberhardine.

1728 Beginn der Herausgabe eines »Hof- und Staats-Calenders« in Dresden, der in Leipzig gedruckt wird.
Der Besuch Friedrich Wilhelms I. von Preußen und des Kronprinzen Friedrich sowie der Gegenbesuch von August II. in Berlin/Potsdam dienen der Beilegung der Gegensätze zwischen beiden Ländern und führen zu einem Handelsvertrag.

1729/30 August II. entwirft eine Disposition über die Ordnung seines handschriftlichen Nachlasses.

1730 Friedrich Wilhelm I. von Preußen und sein Sohn Friedrich nehmen an dem Manöver und den damit verbundenen Festlichkeiten teil.

1731 Eigenhändige schriftliche Anordnungen Augusts über künftige Hofhaltung und Festlichkeiten.

1733 Trauerveranstaltungen am Dresdner Hof und im Lande.

1726 Erwerbung bedeutender orientalischer Handschriften für die königliche Bibliothek.

1728 August II. gründet im Zwinger das »Palais Royal des Sciences«.
Ankauf von Zeichnungen und Antiken zur Vervollständigung der Sammlungen.
Der Geiger Johann Georg Pisendel wird Konzertmeister der Dresdner Hofkapelle.

1728–1733 Erweiterung des Holländischen Palais zur Vierflügelanlage als Japanisches Palais.

1730 Errichtung des Mathematisch-Physikalischen Salons im Zwinger.

1731 Eigenhändige Notizen Augusts II. über vorhandenes Meißner Porzellan und seine Präsentation.
Johann Adolph Hasse und seine Gemahlin Faustina Bordoni treten erstmals an der Dresdner Hofoper auf.

1732 Beginn des Baues der Dreikönigskirche in Dresden-Neustadt nach Plänen von Pöppelmann und George Bähr.

1733 Uraufführung von Johann Sebastian Bachs Messe in h-Moll in Leipzig.

Sachsen

Polen

Brandenburg-Preußen

Habsburgische Gebiete

Reiseroute August des Starken

wichtigste Straßenverbindungen

0   100   200   300 km

ANMERKUNGEN

ABKÜRZUNGEN

Abhdl.	Abhandlung
Diss.	Dissertation
HZ	Historische Zeitschrift, München
Jb	Jahrbuch
JbFeud	Jahrbuch für Geschichte des Feudalismus, Berlin
JbGesch	Jahrbuch für Geschichte, Berlin
JbRegG	Jahrbuch für Regionalgeschichte, Weimar
Loc.	Locat (Archivstandort)
NASG	Neues Archiv für Sächsische Geschichte, Dresden
NF	Neue Folge
NLM	Neues Lausitzisches Magazin, Görlitz
SHbll	Sächsische Heimatblätter, Dresden
STAD	Staatsarchiv Dresden
StaL	Stadtarchiv Leipzig
Wiss. Zs.	Wissenschaftliche Zeitschrift
ZfG	Zeitschrift für Geschichtswissenschaft, Berlin

1 STAD, Loc. 2097, Nr. 37. Diese Entwürfe dürften frühestens im Winter 1690/91 geschrieben worden sein. Ein Foliobogen ist bis zum Rand mit schwarzer Tinte beschrieben. – Friedrich August schrieb nur in Kleinbuchstaben, auch Eigennamen und bei Satzanfängen. Interpunktionen sind selten verwendet und Satzanfänge nicht immer kenntlich gemacht. Deshalb wurden sie in einigen Fällen hinzugefügt, wo es dem besseren Verständnis des Sinnzusammenhanges dient.

2 STAD, Loc. 2097, Nr. 37 (Die Ergänzungen in Klammern wurden vom Autor hinzugefügt).

3 Ebenda.

4 STAD, Loc. 10 291 (921).

5 Ebenda.

6 Ebenda.

7 Ebenda.

8 Ebenda.

9 STAD, Loc. 2097, Nr. 37.

10 Pekrun, R.: Hof und Politik Augusts des Starken im Lichte des Portrait de la cour de Pologne. – Friedland in Mecklenburg, 1914/15. – S. 23.

11 Hof-Journal 1694, STAD, Oberhofmarschallamt O IV, Nr. 72.

12 Zitiert bei Haake, Paul: August der Starke. – Berlin; Leipzig, 1926. – S. 40.

13 STAD, Oberhofmarschallamt O IV, Nr. 73.

14 STAD, Loc. 959, Vol. III.

15 STAD, Loc. 2097, Nr. 34.

16 Ebenda.

17 Ebenda.

18 Hof-Journal 1705, STAD, Oberhofmarschallamt O IV, Nr. 83.

19 Zitiert bei Gurlitt, Cornelius: August der Starke. – Bd. 1. – Dresden, 1924. – S. 181.

20 STAD, Loc. 355, Vol. II.

21 STAD, Loc. 30 337.

22 STAD, Loc. 3053.

23 STAD, Loc. 30 537.

24 Zitiert bei Hoffmann, Gabriele: Constantia von Cosel und August der Starke. – Bergisch Gladbach, 1984. – S. 87.

25 Zitiert bei Haake, Paul: Christiane Eberhardine und August der Starke. – Dresden, 1930. – S. 121.

26 Hoffmann, Gabriele: Constantia von Cosel und August der Starke. – Bergisch Gladbach, 1984. – S. 13.

27 STAD, Loc. 377.

28 STAD, Loc. 13 537.

29 STAD, Loc. 377.

30 Königl. Polnischer und Churfürstl. Sächsischer Hoff- und Staats-Calender Auf das Jahr 1728. – Leipzig, 1728.

31 Codex Augusteus. – Bd. I. – Sp. 415 f.

32 Pekrun, R.: Hof und Politik Augusts des Starken im Lichte des Portrait de la cour de Pologne. – Friedland in Mecklenburg, 1914/15. – S. 12.

33 Ebenda, S. 13.

34 Das galante Sachsen. – Amsterdam, 1735; Neudruck. – Dortmund, 1979. – S. 217 f.

35 Wilhelmine Friederike Sophie Markgräfin von Brandenburg-Bayreuth: Eine preußische Königstochter. – Neudruck. – Frankfurt am Main, 1981. – S. 94.

36 STAD, Oberhofmarschallamt O IV. Nr. 73.

37 STAD, Loc. 2097, Nr. 51.

38 Zitiert bei Löffler, Fritz: Der Zwinger in Dresden. – Leipzig, 1976. – S. 15.

39 STAD, Loc. 377.

40 Ebenda.

41 STAD, Loc. 762.

42 STAD, Oberhofmarschallamt V B, Nr. 20a.

43 STAD, Loc. 377.

44 STAD, Loc. 1056.

45 STAD, Loc. 2097, Nr. 33.

46 Zitiert bei Weber, Ingrid S.: Planetenfeste August des Starken zur Hochzeit des Kurprinzen 1719. – München, 1985. – S. 6.

47 Zitiert in: Barock in Dresden: Katalog / hrsg. im Auftrag der Staatlichen Kunstsammlungen Dresden und Kulturstiftung Ruhr von Ulli Arnold und Werner Schmidt. – Leipzig, 1986. – S. 199. (Vgl. auch Katalog-Nr. 24.)

48 Zitiert in: Poststraßen, Postkutschen, Postreisescheine / hrsg. von Christian Springer. – Köln, 1982. – S. 166; Abb. 2.

49 STAD, Loc. 2097, Nr. 50.

50 Für die Mitteilung danke ich dem Forschungsstudenten Peter Leonhard, Karl-Marx-Universität Leipzig.

51 So als Überschrift zu einer Darstellung zum Leipziger Adreßkalender: Das Anno 1720 florirende Leipzig. Druck in: Wustmann, Gustav: Bilderbuch aus der Geschichte der Stadt Leipzig. – Leipzig, 1897. – S. 58.

52 STAD, Loc. 4447.

53 StaL, Titel LXII/C, Nr. 2.

54 Vgl. die Abbildung bei Wustmann, Gustav: Bilderbuch aus der Geschichte der Stadt Leipzig. – Leipzig, 1897. – S. 57.

55 Vogel, Johann Jacob: Leipzigisches Geschichts-Buch oder Annales. – 2. Aufl. – Leipzig, 1756. – S. 1042.

56 Die Originale befinden sich im Stadtarchiv Leipzig.

57 Vgl. Barock in Dresden: Katalog / hrsg. im Auftrag der Staatlichen Kunstsammlungen Dresden und Kulturstiftung Ruhr von Ulli Arnold und Werner Schmidt. – Leipzig, 1986. – S. 277.

58 Ebenda, S. 108.

59 Zitiert bei Haake, Paul: Kursachsen oder Brandenburg-Preußen? – Berlin, 1939. – S. 207.

60 Codex Augusteus. – Bd. I. – Sp. 2511.

61 Die politischen Testamente der Hohenzollern / bearb. von Richard Dietrich. – Köln; Wien, 1986. – S. 240.

62 Zitiert bei Kathe, Heinz: Der »Soldatenkönig« Friedrich Wilhelm I. 1688–1740. König von Preußen. – Berlin, 1978. – S. 108.

63 Zitiert bei Sieber, Friedrich: Volk und volkstümliche Motivik im Festwerk des Barock. – Berlin, 1960. – S. 99 f.

64 Wilhelmine Friederike Sophie Markgräfin von Brandenburg-Bayreuth: Eine preußische Königstochter. – Neudruck. – Frankfurt am Main, 1981. – S. 97 ff. (Vgl. dazu

Droysen, Johann Gustav: Geschichte der preußischen Politik. – Bd. IV; Teil IV. – Leipzig, 1870. – S. 37, der dafür »nicht die geringste Spur ... des Inhalts in den Archiven« fand.)

65 Ebenda, S. 103 ff.

66 STAD, OU 14 624. (Vgl. auch Matthäus Daniel Pöppelmann 1662–1736. – Dresden, 1987. – S. 29.)

67 Zitiert bei Haake, Paul: August der Starke. – Berlin; Leipzig 1926. – S. 191.

68 Zitiert bei Kretzschmar, Hellmut: Der Friedensschluß von Altranstädt 1706/07. – In: Um die polnische Krone. – Berlin, 1962. – S. 174.

69 Codex Augusteus. – Bd. I. – Sp. 1749 ff. (Vgl. auch: Poststraßen, Postkutschen. – S. 20.)

70 Erschienen 1719, neue Reproduktion: Sektion Geodäsie und Kartographie der Technischen Universität Dresden, 1981.

71 STAD, Loc. 2097, Nr. 26.

72 Zitiert bei Beschorner, Hans: Augusts des Starken Leiden und Sterben. – In: NASG. – Bd. 58. – Dresden, 1937. – S. 73.

73 Ebenda, S. 73.

74 Ebenda, S. 74.

75 Ebenda, S. 76.

76 Schlechte, Horst: Die Staatsreform in Kursachsen 1762 bis 1763. – Berlin, 1958. – Dok. Nr. 74. Unter »Merseburgischen« und »Weißenfelsischen Anfällen« ist die Rückkehr der Nebenlinien 1738 und 1746 gemeint.

77 Ebenda, S. 540.

78 Schlosser, Friedrich Christoph: Geschichte des 18. Jahrhunderts und des 19. bis zum Sturz des französischen Kaiserreiches mit besonderer Berücksichtigung der geistigen Bildung. – Bd. 1. – 3. Aufl. – Heidelberg, 1843. – S. 142; 171.

79 Briefzitate bei: Haake, Paul: August der Starke im Urteil seiner Zeit und der Nachwelt. – Dresden, 1922. – S. 104. (Vgl. auch Treitschke, Heinrich von: Deutsche Geschichte im 19. Jahrhundert. – Bd. 3. – Leipzig, 1927. – S. 482.)

80 Die politischen Testamente der Hohenzollern / bearb. von Richard Dietrich. – Köln; Wien, – S. 369 ff.

81 Ebenda, S. 659.

82 Langebach, O.: Das Wettinfest in Dresden. – In: Bunte Bilder aus dem Sachsenland. – 1. Bd. – 9. Aufl. – Leipzig, 1902. – S. 88.

LITERATURHINWEISE

ARETIN, KARL OTMAR VON: *Friedrich der Große: Größe und Grenzen des Preußenkönigs, Bilder und Gegenbilder.* – Basel; Wien, 1985.

Atlas Hystoryczny Swieta / Red. Josef Wolski. – Warszawa, 1974.

Atlas zur Geschichte. – Bd. 1. – Gotha; Leipzig, 1986.

BÄCHLER, HAGEN: *Zum Weltbild Matthäus Daniel Pöppelmanns: Die Bücher aus seinem Nachlaß.* – In: *SHbll* (1987) 2.

BÄCHLER, HAGEN; SCHLECHTE, MONIKA: *Sächsisches Barock.* – Leipzig, 1986.

Barock in Dresden: Kunst und Kunstsammlungen unter der Regierung des Kurfürsten Friedrich August I. von Sachsen und Königs August II. von Polen, genannt August der Starke, 1694–1733 und des Kurfürsten Friedrich August II. und Königs August III. von Polen 1733–1763: Katalog / hrsg. im Auftrag der Staatlichen Kunstsammlungen Dresden und Kulturstiftung Ruhr von Ulli Arnold und Werner Schmidt. – Leipzig, 1986.

Barock und Klassik: Kulturzentren des 18. Jahrhunderts in der Deutschen Demokratischen Republik: Katalog / hrsg. vom Amt der Niederösterreichischen Landesregierung. – Wien, 1984.

BESCHORNER, HANS: *August der Starke und seine neuesten Biographen.* – In: *NASG.* – Bd. 48. – Dresden, 1927.

BESCHORNER, HANS: *Augusts des Starken Leiden und Sterben.* – In: *NASG.* – Bd. 58. – Dresden, 1937.

BESCHORNER, HANS: *Beschreibung und bildliche Darstellung des Zeithainer Lagers von 1730.* – In: *NASG.* – Bd. 27. – Dresden, 1906.

BOGUCKA, MARIA: *Das alte Polen.* – Leipzig; Jena; Berlin, 1983.

BUDAEUS, JOHANN CHRISTIAN GOTTHELF: *Das glorwürdigste Leben und die unvergleichlichen Thaten Friedrich Augusti, des Großen, Königs in Pohlen und Chur-Fürstens zu Sachsen.* – Leipzig, 1734.

Codex Augusteus Oder neuvermehrter Corpus iuris Saxonici. – Bd. I. – Leipzig, 1724.

CREUTZ, HANS-JÜRGEN: *Erfindungsschutz im Kurfürstentum Sachsen an der Wende vom 17. zum 18. Jahrhundert.* – In: *SHbll* 29 (1983) 4.

Cronologisches Register über den ganzen Augusteischen Codex und dessen Fortsetzung / hrsg. von Carl. Ferdinand Hommel. – 2 Teile. – Leipzig, 1778 und 1806.

CZOK, KARL: *August der Starke und Kursachsen.* – 2. Aufl. – Leipzig; München 1989.

CZOK, KARL: *Das alte Leipzig.* – 2. Aufl. – Leipzig, 1985; Würzburg, 1985.

CZOK, KARL: *Zu den städtischen Volksbewegungen in den deutschen Territorialstaaten vom 16. bis zum 18. Jahrhundert.* – In: *Die Städte Mitteleuropas im 17. und 18. Jahrhundert* / hrsg. von Wilhelm Rausch. – Linz (Donau), 1981.

CZOK, KARL: *Zu Kultur und Baukunst in Stadt und Vorstädten im 18. Jahrhundert – dargestellt am Beispiel der Messestadt Leipzig.* – In: *Städtische Kultur in der Barockzeit* / hrsg. von Wilhelm Rausch. – Linz (Donau), 1982.

CZOK, KARL: *Zur absolutistischen Politik Augusts des Starken.* – In: *SHbll* 29 (1983) 4.

CZOK, KARL: *Zur Entwicklung des kursächsischen Territorialstaates im 18. Jahrhundert.* – In: *Sprache und Kulturentwicklung im Blickfeld der deutschen Aufklärung: Der Beitrag Johann Christoph Adelungs* / hrsg. von Werner Bahner. – Berlin, 1984.

DIETRICH, RICHARD: *Die Anfänge des preußischen Staatsgedankens in den politischen Testamenten der Hohenzollern.* – In: *Neue Forschungen zur Brandenburg-Preußischen Geschichte.* – Bd. 1. – Köln; Wien, 1979.

DONNERT, ERICH: *Rußland im Zeitalter der Aufklärung.* – Leipzig, 1983.

Dresden: Geschichte der Stadt in Wort und Bild. – Berlin, 1984.

DÜRICHEN, JOHANNES: *Geheimes Kabinett und Geheimer Rat unter der Regierung Augusts des Starken in den Jahren 1704–1720.* – In: *NASG.* – Bd. 51. – Dresden, 1930.

FASSMANN, DANIEL: *Das glorwürdigste Leben und Thaten Friedrich Augusti des Großen, Königs von Pohlen und Chur-Fürsten zu Sachsen . . . . .* – Hamburg; Frankfurth am Main, 1733.

FORBERGER, RUDOLF: *Die Industrielle Revolution in Sachsen 1800–1861.* – Bd. 1 in 2 Halbbänden. – Berlin, 1982.

FORBERGER, RUDOLF: *Die Manufaktur in Sachsen vom Ende des 16. bis zum Anfang des 19. Jahrhunderts.* – Berlin, 1958.

FORBERGER, RUDOLF: *Zu einigen ökonomischen Schwerpunkten und Problemen Kursachsens an der Wende vom 17. zum 18. Jahrhundert.* – In: *SHbll* 29 (1983) 4.

Friedrich II. und die Kunst: Ausstellung zum 200. Todestag / hrsg. von der Generaldirektion der Staatlichen Schlösser und Gärten Potsdam-Sanssouci. – Potsdam, 1982.

Das galante Sachsen / aus dem Französischen übersetzt von einem Deutschen. – Amsterdam, 1735. – Neudruck. – Dortmund, 1979.

GERBER, CHRISTIAN: *Die Unerkannten Wohlthaten Gottes In dem Chur-Fürstenthum Sachsen, Und desselben vornehmste Städten, darinnen zugleich der Schul- und Kirchen-Staat enthalten.* – 2 Bde. – Dresden; Leipzig, 1717.

GROSS, REINER: *Außen- und innenpolitische Verhältnisse Kur-Sachsens an der Wende vom 17. zum 18. Jahrhundert.* – In: *SHbll* 29 (1983), 5.

GROSS, REINER: *Sachsen zwischen frühkapitalistischer Entwicklung und bürgerlicher Umwälzung (16.–19. Jahrhundert): Aspekte territorialer Entwicklung.* 1987. Freiberg, Diss. B.

GURLITT, CORNELIUS: *August der Starke: Ein Fürstenleben aus der Zeit des deutschen Barock.* – 2 Bde. – Dresden, 1924.

HAAKE, PAUL: *August der Starke.* – Berlin; Leipzig, 1926.

HAAKE, PAUL: *August der Starke, Friedrich Wilhelm I. und Kronprinz Friedrich von Preußen.* – In: *Velhagen und Klasings Monatshefte,* 40. – Berlin, 1925.

HAAKE, PAUL: *August der Starke im Urteil seiner Zeit und der Nachwelt.* – Dresden, 1922.

HAAKE, PAUL: *Christiane Eberhardine und August der Starke: Eine Ehetragödie.* – Dresden, 1930.

HAAKE, PAUL: *Ein politisches Testament König Augusts des Starken.* – In: *HZ.* – Bd. 87. – München, 1900.

HAAKE, PAUL: *Generalfeldmarschall Hans Adam von Schöning.* – In: *Studien und Versuche zur neuen Geschichte: Max Lenz gewidmet von seinen Freunden und Schülern.* – Berlin, 1910.

HAAKE, PAUL: *Jacob Heinrich Graf von Flemming.* – In: *Sächsische Lebensbilder.* – Bd. 2. – Leipzig, 1938.

HAAKE, PAUL: *Kursachsen oder Brandenburg-Preußen? Geschichte eines Wettstreits.* – Berlin, 1939.

HAENEL, ERICH; WATZDORF, ANNA VON: *August der Starke: Kunst und Kultur des Barock.* – Dresden, 1933. – Neudruck. – Frankfurt am Main, 1980.

HOFFMANN, GABRIELE: *Constantia von Cosel und August der Starke: Die Geschichte einer Mätresse.* – Bergisch Gladbach, 1984.

HOYER, SIEGFRIED: *Bürgerkultur einer Residenz: Dresden im 18. Jahrhundert.* – In: *Städtische Kultur in der Barockzeit* / hrsg. von Wilhelm Rausch. – Linz (Donau), 1982.

JÄCKEL, GÜNTER: *Fest und Festpoesie in Dresden um 1720.* – In: *SHbll* 29 (1983) 6.

Johann Friedrich Böttger: Die Erfindung des europäischen Porzellans / hrsg. von Rolf Sonnemann und Eberhard Wächtler. – Leipzig, 1982.

KALISCH, JOHANNES: *Zur Polenpolitik August des Starken. Reformversuche in Polen am Ausgang des 17. Jahrhunderts.* – 1957. Leipzig, Univ. Phil. Diss.

KALISCH, JOHANNES; GIEROWSKI, JOSEF: *Um die polnische Krone: Sachsen und Polen während des Nordischen Krieges 1700–1721.* – In: *Schriftenreihe der Kommission der Historiker der DDR und Volkspolens.* – Bd. 1. – Berlin, 1962.

KATHE, HEINZ: *Der »Soldatenkönig« Friedrich Wilhelm I. 1688–1740, König von Preußen.* – Berlin, 1978.

KATHE, HEINZ: *Die Hohenzollernlegende.* – Berlin, 1973.

KLUGE, REINHARD: *Zur Entwicklung der Zentralbehörden Kursachsens im 17. und 18. Jahrhundert.* – In: *SHbll* 29 (1983) 5.

KÖNIG, VALENTIN: *Genealogische Adels-Historie oder Geschlechtsbeschreibung derer im Chursächsischen und angrenzenden Landen ansehnlichsten adelichen Geschlechter.* – 3 Bde. – Leipzig, 1727 ff.

KÖTZSCHKE, RUDOLF: *August der Starke.* – In: *Vergangenheit und Gegenwart* (1933) 23.

KÖTZSCHKE, RUDOLF; KRETZSCHMAR, HELLMUT: *Sächsische Geschichte.* – 2 Bde. – Dresden, 1935. – Neudruck in einem Band. – Frankfurt am Main, 1965.

KOSSOK, MANFRED: *Der aufgeklärte Absolutismus: Überlegungen zum historischen Ort und zur Typologie.* – In: *ZfG* 33 (1985) 7.

KRETZSCHMAR, HELLMUT: *August der Starke.* – In: *Gestalter deutscher Vergangenheit.* – Potsdam; Berlin, 1940.

KRETZSCHMAR, HELLMUT: *Zur Geschichte der sächsischen Sekundogeniturfürstentümer.* – In: *Sachsen und Anhalt.* – Bd. 3. – Magdeburg, 1927.

LANGER, HERBERT: *Fragen der Absolutismus-Forschung.* – In: *JbFeud.* – Bd. 3. – Berlin, 1979.

LÖFFLER, FRITZ: *Bernardo Bellotto, genannt Canaletto: Dresden im 18. Jahrhundert.* – Leipzig, 1985.

LÖFFLER, FRITZ: *Das alte Dresden: Geschichte seiner Bauten.* – 2. Aufl. – Leipzig, 1981.

LÖFFLER, FRITZ: *Der Zwinger in Dresden.* – Leipzig, 1985.

Matthäus Daniel Pöppelmann 1662–1736: Ein Architekt des Barock. Ausstellung zum 250. Todestag und zum 325. Geburtstag des Erbauers des Dresdner Zwingers / hrsg. von den Staatlichen Kunstsammlungen Dresden. – Dresden, 1987.

MENZHAUSEN, JOACHIM: *Das Grüne Gewölbe.* – Leipzig, 1968.

MITTENZWEI, INGRID: *Friedrich II. von Preußen.* – 4. Aufl. – Berlin, 1987.

MITTENZWEI, INGRID: *Wirtschaftspolitik, Territorialstaat, Nation.* – In: *Jahrbuch für Wirtschaftsgeschichte.* – Teil III. – Berlin, 1970.

MITTENZWEI, INGRID; HERZFELD, ERIKA: *Brandenburg-Preußen 1648–1789: Das Zeitalter des Absolutismus in Text und Bild.* – Berlin, 1987.

NICKEL, SIEGLINDE: *Zur Wirtschaft, Sozialstruktur, Verfassung und Verwaltung in der Stadt Dresden von der Mitte des 17. Jahrhunderts bis in die dreißiger Jahre des 18. Jahrhunderts.* – 1986. Leipzig, Univ., Diss. A.

OELSNER, NORBERT; PRINZ, HENNING: *Zur politisch-kulturellen Funktion des Dresdner Residenzschlosses vom 16. bis zum 18. Jahrhundert.* – In: *SHbll 31 (1985) 6.*

PEKRUN, R.: *Hof und Politik Augusts des Starken im Lichte des Portrait de la cour de Pologne.* – Teil I/II. – Friedland in Mecklenburg, 1914/15.

PILTZ, GEORG: *August der Starke: Träume und Taten eines deutschen Fürsten.* – Berlin, 1986.

POENICKE, HERBERT: *August der Starke: Ein Fürst des Barock.* – In: *Persönlichkeit und Geschichte.* – Bd. 71. – Göttingen, 1972.

Die politischen Testamente der Hohenzollern: Veröffentlichung aus den Archiven Preußischer Kulturbesitz. – Bd. 20 / bearb. von Richard Dietrich. – Köln; Wien, 1986.

Poststraßen, Postkutschen, Postreisescheine / hrsg. von Christian Springer. – In: *Handbuch und Katalog der Sächs. Philatelie.* – 2. Teil. – Köln, 1982.

QUAAS, GERHARD: *Aspekte der Heeresreform in der ersten Hälfte des 18. Jahrhunderts in Kursachsen und die Einquartierung auf dem Lande.* – In: *SHbll 29 (1983) 5.*

Die sächsischen Generalpostmeister der Polnischen Post in der Zeit der Personalunion mit dem Kurfürstentum Sachsen von 1697–1763 / hrsg. von Christian Springer. – In: *Beiträge zur Sächs. Postgeschichte und Philatelie.* – Bd. 5. – Köln, 1983.

SCHLECHTE, HORST: *Die Staatsreform in Kursachsen 1762 bis 1763.* – Berlin, 1958.

SCHLECHTE, HORST: *Zur Vorgeschichte des »Rétablissements« in Kursachsen.* – In: *Forschungen aus mitteldeutschen Archiven.* – Berlin, 1953.

SCHLECHTE, MONIKA: *Die Festkultur am Hofe Augusts des Starken in ihrem Verhältnis zur Kunst.* – In: *Kunst der Bachzeit.* – Berlin, 1986.

SCHLECHTE, MONIKA: *Zu einer Entwurfskizze Augusts des Starken zu Moritzburg.* – In: *SHbll 29 (1983) 6.*

SCHREIBER, HERMANN: *August der Starke: Leben und Lieben im deutschen Barock.* – München, 1981.

SIEBER, FRIEDRICH: *Volk und volkstümliche Motivik im Festwerk des Barock. Dargestellt an Dresdner Bildquellen.* – In: *Veröffentl. des Instituts für Volkskunde.* – Bd. 21. – Berlin, 1960.

STASZEWSKI, JACEK: *August II.* – Warszawa, 1986.

STASZEWSKI, JACEK: *August III.* – Warszawa, 1986.

STASZEWSKI, JACEK: *Die polnisch-sächsische Union und die Hohenzollernmonarchie.* – In: *Jb für Geschichte Mittel- und Ostdeutschlands.* – Bd. 30. – Berlin (West), 1981.

STASZEWSKI, JACEK: *Die sächsisch-polnische Union und die Umwandlungsprozesse in beiden Ländern.* – In: *SHbll 29 (1983) 4.*

STASZEWSKI, JACEK: *Polen und Sachsen im 18. Jahrhundert.* – In: *JbGesch.* – Bd. 23. – Berlin, 1981.

TAUBE, ANGELIKA: *Wolf Dietrich von Beichlingen: Großkanzler und Staatsgefangener Augusts des Starken.* – In: *SHbll (1987) 4.*

VEHSE, EDUARD: *Geschichte der Höfe des Hauses Sachsen.* – 12 Teile in 2 Bde. – Hamburg, 1854.

VETTER, KLAUS: *Die Stände im absolutistischen Preußen: Ein Beitrag zur Absolutismus-Diskussion.* – In: *ZfG 24 (1976) 11.*

VOGLER, GÜNTER: *Bürgertum und Staatsgewalt in der Epoche des Übergangs vom Feudalismus zum Kapitalismus.* – In: *JbFeud.* – Bd. 1. – Berlin, 1977.

VOGLER, GÜNTER: *Staatsgedanke und Staatsrealität im absolutistischen Preußen.* – In: *Preußen in der Geschichte des deutschen Volkes.* – Berlin, 1981.

WÄCHTLER, EBERHARD; NEUBERT, ERHARD: *Die historische Bergparade anläßlich des Saturnfestes im Jahre 1719.* – Faksimiledruck mit Kommentar. – Leipzig, 1982.

WAGNER, GEORG: *Die Beziehungen August des Starken zu seinen Ständen während der ersten Jahre seiner Regierung (1694–1700).* – 1903. Leipzig, Univ., Diss.

WEBER, INGRID S.: *Planetenfeste August des Starken zur Hochzeit des Kurprinzen 1719.* – München, 1985.

Wilhelmine Friederike Sophie Markgräfin von Brandenburg-Bayreuth: Eine preußische Königstochter / aus dem Französischen übers. und 1910 hrsg. von Anette Kolb / Neudruck hrsg. von Ingeborg Weber-Kellermann. – Frankfurt am Main, 1981.

WUSTMANN, GUSTAV: *Bilderbuch aus der Geschichte der Stadt Leipzig.* – Leipzig, 1897.

ZÜRNER, ABRAHAM FRIEDRICH: *Atlas Augustaeus Saxonicus. Augusteisch Chursächsischer Atlas.* – Dresden, o. J.

BILDNACHWEIS UND REGISTER

ORTSREGISTER

Dresden, der Hauptschauplatz, bleibt im Register unberücksichtigt